Dieses Buch ist meiner Schwiegertochter
Lara gewidmet,
ohne ihre Hilfe
wären die Bücher nie entstanden.

Brigitte Riederer

# Sens- und Nonsens-Gedichte 2

Gedichte - Der Sinn des Unsinns

BoD-Verlag

Bibliografische Information der Deutschen Nationalbibliothek:
Die Deutsche Nationalbibliothek verzeichnet diese Publikation in der Deutschen Nationalbibliografie; detaillierte bibliografische Daten sind im Internet über http://dnb.dnb.de abrufbar.

©2016 Brigitte Riederer

©Umschlagmotiv: gemalt von Brigitte Riederer

Herstellung und Verlag:
BoD - Books on Demand, Norderstedt

2. Neuauflage
ISBN 978-3-7412-7530-2

**Inhaltsverzeichnis** **Seite**

| | |
|---|---|
| Widmung | 002 |
| Inhaltsverzeichnis | 005 |
| Vorwort | 007 |
| Gedichte | 009 |
| Glossar | 248 |
| Autorenportrait | 257 |

08. 01. – 08. 02. 2012
Chronologische Reihenfolge

## Vorwort

herrlich, die gedichte
lustig und listig
fröhliche leichte kost die auf einmal im hals stecken bleibt
ernste zeilen
die das lachen auslösen
schwere gedanken in sommergewändern
leichte gedichte in bergschuhen und bleifesseln
ein sinn ohne aussage und viel non sense,
das rührt und wühlt
herrlich, die gedichte
erfreuend, erfrierend, erfrischend
und so aus dem inneren sinn fürs leben leiden und lachen herausgesprudelt ... um dann die besitzerin untröstbar zu verlassen ... die dann begann, die gedichte und geschichten zu malen ... denn ihre innere sprudelnde reiche welt ... die bringt kein medikament zum schweigen.

Devi Rada Rageth

meine lunge
die junge
kotz ich mir aus
denn vor mir läuft ne laus
die will ich einholen
drum bleibt mir gestohlen
meine lunge
die junge

im himmel zu wohnen
das könnte sich lohnen
mit engeln so vielen
mit denen du kannst dealen
auf welcher wolke
du magst sitzen nun
und machen was alle tun
hosianna singen
und alle die das singen
bringen sich weiter
auf der himmelsleiter
bis sie oben sind
dort weht gar kein wind
dort sitzt der Herrgott auf seinem thron
und fragt was willst du schon
hier oben bei mir?
bist du ein streber?
das gibts nicht hier

beim liebesakt
da sind wir nackt
wolln nicht werden gestört
denn das gehört
sich nicht
darum schliessen wir
die tür hinter mir
zu
im nu

ich bin fit und munter
und was darunter
sich verborgen hält
das ist meine welt
die gehört mir allein
da darfst du nicht zeuge sein

ein süppchen
für das „püppchen"
das ganz still
was will
es will noch mehr
drum sieh doch her
es will noch tanzen
mit dem ganzen
chor der wanzen

die tasche
mit der asche
könnt ihr vergraben
so dass die raben
nichts fressen davon
und auch der gnom
nichts finden kann
also bis dann

die kerzen leuchten
an dem baume
da kommt ne laune
und meint wir bräuchten
noch mehr zum leuchten

nicht mehr sehen will ich ihn
denn da drin
schlägt kein gutes herz
das sag ich mit viel schmerz
s ist kein scherz

es heult der wind
der hund der spinnt
die meisen die pfeifen
da kommt ein reifen
einfach daher
und der ist schwer

der hund der bellt
das telefon schellt
zuviel auf einmal
drum sag ich dir nicht zweimal
ich gehe fort von hier
glaub es mir

es heulen die wölfe
es ist schon zwölfe
in der vollmondnacht
und einer wacht
und heult allein
das ist gemein

es ist gut so
wenn Reto
noch ist bei mir
ich sage dir
nur für heute nacht
dann ist es vollbracht

der mond scheint munter
runter vom dach
nur ganz schwach
doch kann er sehen
dass wir zwei gehen
miteinander
er findet es schön
uns so gehen zu sehn

meine kleider
leider
sind veraltet
und das spaltet
die gemüter
doch ich bin der hüter
meiner garderobe
wenn auch keine robe
hängt im kasten
auch muss ich fasten
sonst ist mir alles zu kein
das darf nicht sein

ich muss hüten
meinen enkel
den ich in den senkel
stellen muss
er sagt zu mir „du arme nuss"
bin am verzweifeln
und er möchte mir schmeicheln
noch zum abschiedsgruss
mit einem kuss

oh wunder
dieser plunder
was will er damit machen
mit all diesen sachen?
er will ihn verkaufen
und nachher versaufen
das geld

bin auf der bank
und dass ich den „rank"
noch finden kann
hilft mir ein lieber mann
ich bin sehr froh
das ist einfach so

der wind der wind
das himmlische kind
fegt über wiesen und wald
ich sage halt
bis hierhin und nicht weiter
und er zieht heiter
weiter

ich weiss was du geboten hast
dabei kam dir der ast
in den weg
dort beim steg
du wolltest ihn biegen und brechen
dabei tat er dich stechen
in den arm
doch es ist warm
in dieser nacht
und der mond hält seine wacht

siehst du die fliegen
dort drüben?
sie wollen fressen
ein festessen
einen zucker
dabei „juckt" er
aus dem fenster
und die fliegen
hintennach

lets go
in die show
von den lesben
das sind die besten
schauspieler der welt
und für wenig geld
kriegst du ein programm
von dem man nur staunen kann

in einer vollmondnacht
hab ich bewacht
unser haus
denn eine laus
wollte es haben
da hab ich das klagen
gehört
das ist unerhört

es wollten trinken
drei finken
vom wasser ab dem hahnen
doch zuerst müssen sie sich bahnen
einen weg der zum wasser führt
und ungeniert
spazieren die finken
zum trinken

die oma
liegt im koma
ich will sie wecken
sie tut mich anstecken
bin fast am verrecken

von welcher sorte
ist die torte?
ich möcht sie essen
und dabei vergessen
meinen kummer
über die nummer
die du geboten hast
du bruder vom knast

auf schusters rappen
geh ich tappen
über berg und tal
heute und ein andermal

du bist am motzen
es ist zum kotzen
man kann dir nichts mehr recht machen
bei allen sachen
bist du am reklamieren
es ist zum resignieren
es ist zum raufgehn die wände
das spricht bände
doch dein verhalten
bleibt beim alten

erst wolln wir küssen
und dann müssen
wir uns verpissen
bei all den sachen
die wir machen
wir gehen ins heu
das ist nicht neu
wir wollen mehr noch
da reicht es doch

mein enkelkind
das rennt geschwind
zum bäcker Bohlen
brötchen holen
sie hat sie nicht gestohlen
zusammen essen wir
und ich trink dazu ein bier

der wind weht
und es fegt
ein sturm
über den wurm
der kriecht in die erde
dass wieder werde
das wetter so schön
um spazieren zu gehn

ich bin am tagebuch schreiben
und will dran bleiben
will nicht werden gestört
das wäre unerhört
da kommst du leise her
und sagst bitte sehr
kann ich dir helfen beim schreiben?
dann musst du nicht solange dran bleiben

ein baby
s wird sicher ne lady
kannst kaum mehr bewegen dich
drum frag doch mich
ich mach alles für unser kind
und das ganz geschwind
ich freu mich so darauf
drum nehm ich alles in kauf

ich bin in not
und esse nur noch „konfibrot"
alle ist mein geld
ich suche auf der ganzen welt
einen sponsor
welcher hat ein offenes ohr
für mich und meine probleme
darum nehme
ich alles an
was ich mir leisten kann

mein hund hat die pfötchen
auf den brötchen
das will ich nicht haben
ich tu ihn verjagen
er ist beleidigt
doch ich habe verteidigt
nur meine brötchen

meine nichte
kennt die wichte
hat schnell kontakt
und packt
ihre sieben sachen
und will bewachen
die wichte
meine nichte

die gute fee
die bringt mir tee
will ihn trinken
da kommen die finken
wolln auch was haben
und sich daran laben

die „buben" die nehmen wir auf den arm
welcher ist noch warm
sie merken es kaum
sie sind am singen
und ich will ihnen bringen
eine torte
durch die pforte
eine torte aus schaum
was für ein traum

eine frau
das möchte ich „au"
ist sie von irgendwo
das stört mich gar nicht so
nur lieb muss sie sein
und ich bin nicht mehr so allein

möchte gerne schlafen
doch die affen
tun toben
an den garderoben

bin nicht der wirt von dieser „beiz"
doch sie hat ihren reiz
kann darin verbringen viel zeit
mit und ohne streit
kann trinken etwas wein
um nicht so einsam zu sein

jede stunde
eine runde
näher dem ende
jetzt kommt die wende
s geht nur noch bergab
bis ins grab

ein bunter hund
zu jeder stund
das bist du
drum hör mir zu
versuche zu werden
wie die meisten auf erden

sie will tanzen
gib ihr ein paar „franken"
damit sie aufhört
denn ich fühl mich gestört
in meinem mittagsschlafe
drum zähle ich schafe
bis ich wieder penne ein
das ist gemein

die maus
hat ihr haus
renoviert
so ists passiert
in der zwischenzeit
war sie bereit
zu wohnen bei uns

ich bin gefahren
in all den jahren
viele autos zu schrott
das gab viel spott
und wurde teuer
ungeheuer

ein baby möchte ich
drum frage ich dich
bist du bereit
wenn wir zu zweit
uns ganz fest lieben
und gar nie betrügen?

liebes kind
ganz geschwind
geh holen
ganz verstohlen
den ball in nachbars garten
ich werde auf dich warten

ich geh übern weg
da kommt ein steg
und mir entgegen ein schwan
was ich nicht leiden kann
den weg verstellt er mir
ich sage dir
ich konnte nicht rüber
übern steg drüber

die maus
hat ihr haus
verlassen
sie nimmt nur mit ein paar tassen
und sucht sich eine neue bleibe
doch nicht bei mir ich vertreibe
sie

die sonne kommt
die sonne geht
dazwischen steht
ein tag
was der wohl bringen mag?

pass auf den hund auf
der raubt dir den schnauf
er will rennen
und du musst bekennen
dass das ist zuviel für dich
drum nehm ich den hund für mich

ich kauf die welt
das kostet viel geld
und will sie verbessern
verbessern will ich sie
dass die
kriege vergehn
und alle sich besser verstehn

ich will ne lady
als kleines baby
wir lieben uns innig
das ist wahnsinnig
und neun monate später
da kräht er
s ist keine lady s ist ein sohn
doch was macht das schon
und diesem boy
bleibe ich treu
bis er wird zwanzig
dann wird er „ranzig"
weil ich noch auf ihn schau
doch ich bin schlau
s könnt passieren so viel
das ist gar nicht nach meinem stil

halte mich
fest in deinen armen
den warmen
ich liebe dich
drum möchte ich
immer bei dir bleiben
und vermeiden
dass es streit gibt zwischen uns
denn wir lieben uns
und möchten teilen zusammen
sogar bett und pfannen
unsere liebe bleibt bestehn
auch wenn die welt soll untergehn

ich frage dich
was kostet die welt?
ich habe noch geld
will sie mir kaufen
und dann weglaufen

ich will dich betören
und zugleich verführen
machst du mit?
wenn auch zu dritt
wir liebe machen
ich meins nicht zum lachen

gib mir auch ne „schnurrä voll"
das wäre toll
hunger habe ich
darum bitt ich dich
mir was zu geben
damit ich eben
verhungere nicht
das wäre schlicht
ein abgang schlecht
hab ich nicht recht?

die zähne zu putzen
das ist der nutzen
von der paste für die zähne
und ich gähne
möchte noch schlafen
doch ich muss gehn „schaffen"

wenn spriessen die triebe
dann lockt die liebe
die pärchen gehn spazieren
und er will verführen
seine liebste bei mondschein
sie findet das gemein
sie will noch warten
bis im garten
die blätter verwehn
drum glaub ich sie hat ihn
für immer gesehn

ich bin zu fett
ich bleibe im bett
will niemanden sehen
und dabei spüren
wie sie blicken
das ist kein entzücken
drum bleib ich daheim
ganz allein

ich hab ein chaos
und das ist gross
ich versuche
ordnung reinzubringen
doch es gelingen
mir nur schritte kleine
doch ich meine
besser als keine

wenn ich tu in der sonne liegen
dann kann mich nichts betrüben
ich bin am braten
doch man hat mir geraten
aufzupassen an der sonne
doch ich tu mit wonne
bleiben an der sonne
und ich werde langsam rot
jetzt komme ich in not
denn das tut weh
o jeh o jeh

bin da heruntergefahren
mit all den jahren
kenn ich die strecke gut
und das gibt mut
zu fahren zu schnell
dann kommt ein tunnel
mir versagen die bremsen
und es kommt der sensen-
mann

ich forme den ton
das ist enorm
mit meinen händen
es soll damit enden
dass ich hab eine schöne figur
eine richtige skulptur

ich bin in not
drum seh ich rot
kann nichts mehr kaufen
und ich muss laufen
von einem ort zum andern
doch ich tu nicht gern wandern
drum seh ich rot
möcht gern sein tot

der Meier von nebenan
der will dann und wann
ein tänzchen machen
doch es lachen
ihn alle aus
im ganzen haus
denn tanzen kann er nicht
der arme wicht

zwei geiger spielen
mit gefühlen
in dur und moll
das finde ich toll
ich könnte verweilen
muss mich nicht beeilen
drum hör ich zu
und die zeit vergeht im nu

nicht die wecken
welche „ums verrecken"
noch schlafen wollen
doch die sollen
nachher aufräumen
und es nicht versäumen

müde bin ich
möcht gehn zur ruh
doch hab ich keine zeit dazu
muss noch viel machen
ganz verschiedene sachen

gib mir auch ne „schnurrä voll"
das wäre toll
denn hunger habe ich
und dazu nur dich
der mir was gibt zu „futtern"
wie einst bei muttern

möchte gerne schlafen gehn
und die vielen schäfchen sehn
die s gibt im traume
unter dem baume

auch wenn die augen fallen mir zu
habe ich noch keine ruh
denn morgen kommt die liebste mein
die soll in keinem saustall sein
drum muss ich noch aufräumen
damit sie kann träumen
in einem schönen himmelbett
das wär doch nett

möchte schlafen
wie die braven
bürger auch
und nicht wache schieben
bei den lieben
leuten in der villa
und jeder kommt und fragt
was machen sie da?

möchte sie zählen
und dabei wählen
die schönsten aus
welch ein schmaus
wird das geben
wenn wir soeben
essen gehn

ich will mich betrinken
und ess dazu schinken
roh oder gekocht
wie ichs gemocht
wie ist das gemeint?
ja weil es sich reimt

auf dem hexenbesen
bin ich gewesen
geflogen über feld und stall
ich war überall
und hab erschreckt die leute
die wie eine meute
zusammenstehen
wenn sie mich sehen

es ist vorbei
es kommt niemand mehr „hai"
alle sind gross
das ist schon famos
doch ist es einsam
wenn wir nicht mehr gemeinsam
tolle sachen
machen

mein enkelkind
das ist geschwind
schon zehn jahre alt
ich tu „halt"
mit ihm spielen
und die vielen
bücher anschauen
auch das mit den pfauen

wunderbar
und sonnenklar
bei solchen wettern
gehn wir klettern
wir seilen uns an
und klettern dann
dem seil entlang
derweil einer unten fixiert
damit nichts passiert

ich stehe am hafen
und möchte schlafen
die schiffe dröhnen
und sie tönen
herüber zu mir
kann so nicht schlafen
wie die braven
entlein am strand
im weichen sand

halt mich
in deinen armen
den warmen
und spür mich
wie lieb ich
kann sein
bei „fondue" und wein

im hafen
möcht ich gern schlafen
und die vielen schiffe sehn
die in fremde länder gehn
möchte mitfahren
und erst in ein paar jahren
kehren zurück
das wär mein glück

nach der „sause"
steh ich unter der brause
um mich zu duschen
und nicht zu verpfuschen
den schönen tag
den ich so mag
ein lied sing ich
da rufst du mich
hör auf mit singen
sonst muss ich dich umbringen

im häuschen
ein mäuschen
ich will es schlagen
dass es geht baden
kann schwimmen nicht lang
und unter gehst dann

das herz das lenkt
der verstand der denkt
worauf soll ich hören nun?
am besten tun
wir beides vermischen
und hören dann
auf das programm

schwimmen geh ich gerne
da seh ich in der ferne
einen schwan
tut er mir was an?

es gibt shrimps
ja du ich brings
die kleinen fischchen
auf unser tischchen
wie ist das fein
nur wir allein

heute
liebe leute
will ich euch fragen
was habt ihr zu sagen
zu dem neuen meister im haus?
denn der nimmt uns aus
wie eine kokosnuss
drum sag ich mit verdruss
so nicht mehr weiter
herr Reiter

herrjemineh
es gibt schnee
auf die nächste woche
und ich koche
fleisch und reis
dann bricht das eis
und der schnee tut schmelzen
und die schweine können sich wieder wälzen
im dreck
das gibt dann guten speck

ich bin noch munter
und habe drunter
nichts an
wo ist der mann
der mir helfen kann?

es heulen die wölfe
es ist schon zwölfe
sie haben hunger
und fressen hummer

jetzt haben wir den salat
ich esse nicht gerne spinat
was anderes kommt nicht auf den tisch
nur spinat und fisch

es geht nicht weiter
bin trotzdem heiter
muss am skilift warten
wir spielen karten
doch dann fahren wir drauflos
das ist famos
doch die leute motzen
wir waren zum kotzen
oder sollen wir tun wie die anderen
ein böglein nach dem anderen?

zwei hunde sind am tauchen
am ufer wartet das frauchen
sie tauchen hin und tauchen her
denn tauchen das ist gar nicht schwer
da kommt ein fisch geschwommen
die hunde sind ganz beklommen
und schwimmen ganz schnell
dorthin wo es ist hell
ans ufer das rettende
und frauchen die wartende
freut sich wie ein kind
dass die hunde wieder gekommen sind

das ist ein spielen
mit gefühlen
das mag ich nicht
bist du noch dicht?
meine gefühle zu verletzen
du musst sie lernen schätzen

ich bin ein hund
und so gesund
fresse nur knochen
von rochen
und trinke nur tee
statt wasser vom see

drum esse ich gesund
und das nicht ohne grund
will werden 100 jahre alt
doch das noch nicht so bald

im altersheim
bin ich allein
der älteste mann
dens hier geben kann

die hunde bellen laut
es ist zum fahren aus der haut
was sie denn wollen?
ein bisschen rumtollen
mit dir
und mir

mit dem besen kehre ich
den vorplatz auf dem stehe ich
kehr sauber und rein
das muss bei mir so sein
da kommt ein hund
und
kackt mitten auf den platz
so ein schatz
wie soll ich mich wehren?
jetzt muss ich von neuem kehren

ein hund der braucht wasser
dass er
pipi machen kann
und wenn er dann
noch sein häufchen macht
hat er seine sache gut gemacht

auf den wellen
die hunde bellen
sind putzmunter
wollen aber wieder runter

haste töne
meine söhne
sind erwachsen schon
und ernähren sich von
„müäsli" und breien
es ist zum schreien

das ist neu
ich bleib dem leben treu
will noch machen
so viele sachen
spielen klavier
allein und mit dir
gedichte schreiben
und malen mit kreiden

frau Meier
legt eier
doch die henne sagt zu ihr
das eier legen das gehört mir

ich mache eine reise
zu einem grossen preise
ich reise mal hier
und reise mal dort
und dann an einen fernen ort
dort lieg ich am strand
im feinen sand
mit einem drink in der hand
und mit musik am palmenstrand
und mit boys
„gar nüt nois"

was kostet die welt?
ich hab zwar kein geld
doch ists ja egal
ich versuchs mal

eine banane und ein kraut
habens gerne ein bisschen laut
die banane spricht
das gibts doch nicht
das kraut pflichtet ihr bei
ei ei ei

wenn wir „schlitteln" gehen wollen
und es vergessen sollen
erinnere uns daran
dass ich kann
den schlitten holen
und wir verstohlen
gehn von zu haus
den berg hinauf
und sausen runter
fit und munter
und wenn wir unten sind
laufen wir geschwind
nach hause
zu einer „sause"
verdient haben die wir uns
und dazu essen wir „capuns"

mein enkelkind
komm geschwind
sieh die sterne leuchten
und den mond
der dort oben wohnt
lacht runter
und wir sind munter
und froh
und er ebenso

der Bill
weiss was er will
will kohle machen
mit all den sachen
die er macht
und dann sacht
nach hause trägt
und sie geschwind tut versorgen
und sie erst rausholt morgen

warte auf die liebste mein
sie soll auf dem schiffe sein
noch nie gesehen hab ich sie
also wie
soll ich erkennen sie?
sie hätt ne blaue jacke an
doch das trägt heut jedermann

ich habe einen fleck
oh schreck
ich will ihn wegputzen
dazu tu ich benutzen
ein starkes mittel
das ein drittel
der farbe entfernt

ein schnitzel pur
das ess ich nur
und einen salat
der steht schon parat
will werden schlanker
darum „dank där"
dass du mit hilfst dabei
denn für mich ist das nicht einerlei

frau Meier
isst eier
und die henne den Meier
wo führt das noch hin?
das ergibt doch keinen sinn

es schalten
und walten
die weiber
die alten
was sind sie denn „am tun"?
die sollten jetzt doch ruhn

noch wochen
hab ich erbrochen
von den knochen
die so schlecht haben gerochen

die ochsen ziehen den karren
diese narren
wär schöner zu fressen gras
doch das
bleibt ihnen verwehrt
die welt ist doch verkehrt

bis ich drauf sitze
und dann schwitze
und ich blitze
von meinem sitze
und deine witze
öden mich an

ein paar franken zum tanken
hätt ich gerne
um zu fahren in die ferne
schreibe dann karten
auf die ihr tut warten
von fremden ländern
und stränndern

bin ich müde
geh ich schlafen
zähl viele schafe
bis ich schlafe

sie wollen gehen an die „fasnacht"
und suchen eine alte tracht
um sich zu verkleiden
und zu vermeiden
dass jemand sie kennt

möchte schlafen
und die braven
schäfchen zählen
und dabei wählen
das schönste schäfchen aus
hoffentlich hats keine laus
und dann darf das
weisst du was?
zu mir ins bettchen kriechen

ich möchte dich fragen
du darfst nicht zagen
willst du mit mir gehn?
ich will sehn
einen liebesbeweis
sodass ich weiss
dass du es ernst meinst
und mich nicht hereinleimst

wir testen
am besten
den wein
betrunken sind wir
und darum gehen wir
in die nächste „beiz"
die hat auch ihren reiz

ich tu wetten
die lichterketten
brennen nicht die ganze nacht
doch gib acht
wenn sie fallen herunter
und du stehst darunter
gibt es einen kurzschluss
und dann ist schluss
mit dir
glaube mir

es kommen
nur die frommen
in den himmel
das ist klar
dort tun sie mit der bimmel
im himmel
das ist wahr
schlagen die stunden
und kommen so über die runden

es ist so leer
hab nichts mehr
zu tun
was soll ich nun
ausser ruhn?

ich kann nicht verweilen
ich muss ich mich beeilen
auf die eisenbahn
die bringt mich dann
zum ziel dem meinen
das ist nur einen
kilometer entfernt
und dabei man lernt
um es zu benennen
die gegend kennen
sie ist wunderbar
das ist sonnenklar

ich muss betten
und tu wetten
dass frau Holle
die „olle"
schüttelt die kissen
du musst wissen
dann hätten wir schnee
juhee

schlafen möcht ich gerne jetzt
doch es ist wie verhext
kann nicht schlafen ein
das ist gemein
kann zählen die schafe
die mir im schlafe
begegnen
und mir ebnen
den weg
den ich gehen muss
und das voll überdruss
steh ich wieder auf
denn ich bin voll drauf
schalt den fernseher ein
und schlafe dort ein

der zug der rollt
die tochter schmollt
die ganze zeit
ist es noch weit?

ich will meinen
dass sie den einen
fussball nicht stehlen
und wir wählen
unsere mannschaft
die jeden mann schafft
und dann spielen wir
ich sag zu dir
wie die wilden
und wir bilden
uns ein
das wär nicht gemein
wenn die andern
nur noch wandern
können vor schmerzen
doch das macht nichts mit unseren herzen

zwei männer streiten
weil die pferde reiten
über den zaun
denn sie sind abgehaun

zwei cowboys reiten
über die weiten
der prärie
so was sah ich noch nie
indianer sehen sie
und sie fragen sich
wie können wir verschwinden
um uns nicht zu verbinden
in einen streit?
denn wir sind ja nur zu zweit

eine alte tante
die schwankte
so sehr
weil sie hat mehr
getrunken wein
als ihr guttut
sie soll das lassen sein
doch sie hat nicht den mut

dann sagt die banane zur zitrone
es geht auch ohne
auszupressen
fürs essen

ich bin immer allein
hab ich ein schwein
niemand kommt mich stören
auf niemanden muss ich hören
so ganz allein
daheim

ich schreibe gedichte
da kommen die wichte
und fragen mich
(nicht dich)
kommst du auch in den wald?
und ich gehe bald
wir spielen verstecken
und ich find „ums verrecken"
die wichte nicht
sie waren im dickicht

eine katze und eine maus
die spielten
daraus
ergab sich
dass sie hielten
zusammen
so blieben sie beisammen
bis dass der tod sie scheidet
und die überlebende leidet

die banane
war nicht ganz ohne
sie hatte ne zitrone
als freundin
wo liegt darin
der sinn?

ohne sich eben
aufzuregen
kommen zwei männer zurück
mit viel glück
vom schwimmen
denn es waren die schlimmen
haie vor ort
damit erübrigt sich
jedes weitere wort

die astronauten
outen
sich
ich komme vom mond
das ist man sich nicht gewohnt
und ich komme vom mars
das wars

die zitrone
ist nicht ohne
sie ist sauer
sagt der bauer
und schneidet eine zitrone an
will davon essen dann und wann

ein elch
welch-
er
futter
suchte und keines fand
ging weit weg an einen strand
frass palmenblätter
und die hatt er
fürs leben gern
er denkt an die elche fern
die sicher gern
auch palmenblätter frässen
darum will er bleiben
und betreiben
ein büro für reisen
für die elche
welche
kommen wollen
doch das eigentlich nicht sollen
sollen bleiben in ihrem revier
das denk ich mir

hast du im schrank
nicht alle tassen?
denn ich putze den boden blank
und es ist nicht zu fassen
herein kommst du
mit schuhen voll
„scheisse" der kuh

eine biene eine schlaue
schleicht sich im morgentaue
an den sirup heran
der dann
getrunken wird leer
doch die biene hat nachher
schmerzen im bauch
so wie ich auch

ein kraut und eine banane
die essen gerne sahne
noch mehr möchte das kraut
die banane meint sags nicht so laut

eine banane eine krumme
ist wieder mal die dumme
das kraut es spricht
ich sag dir nicht
wo ist
der mist

zwei hunde
unterhalten sich
über ihre pfunde
sagt der eine zum andern
beim wandern
ich halte mich an eine diät
dafür ist es nie zu spät

ich putze meine zähne
und ich gähne
weil es ist schon spät
und man doch geht
ins bett zu dieser zeit
ja ich bin dazu bereit

zwei cowboys essen in der tat
am mittag
bohnen und kraut
dass sie können furzen laut

es ist nicht zu fassen
du kannst es nicht lassen
zu spielen mit mir
ich verbiete es dir
meine gefühle
sind nicht geeignet für spiele

der topf hat ein loch
das sehe ich doch
kann brauchen ihn nicht mehr
das fällt mir unendlich schwer

ich will was von dir
ein korn und ein bier
will mich besaufen
und es laufen
du hast recht
meine geschäfte so schlecht

ich fliege zum mond
und es verschont
mich mein mieter
denn sonst gibt er
mir mit hundekuchen
die könnte ich verfluchen

ich gehe an die front
ganz gekonnt
mit gewehr und bajonett
und es ist noch ganz nett
denn mit dem gegner spielen wir
„fangis" und wo bin ich hier?

der topf ist voll
mit bohnen na toll
will mich belohnen
mit den bohnen
für das was ich gearbeitet habe
dort am „gartenhage"

wir gehen auf eine reise
im trauten familienkreise
wir fahren bis zum hafen
dort tun wir erst mal schlafen
mit dem schiff gehts weiter
und alle sind froh und heiter

die sonne scheint mir ins gesicht
doch das liebe ich nicht
könnte verbrennen mich
an dem warmen licht
drum bleib ich im schatten lieber
bis die sonne geht vorüber

zwei affen
gaffen
das haben sie
noch gesehen nie
ein weibchen so schön wie die
sie wollen sie umgarnen
doch der wärter tut sie warnen
für euch ist das nichts
und den affen das herze bricht s

bieten sie mir an
was ich kann
ihnen verkaufen?
sie wollen einen haufen sachen
die spass machen
und dann lauschen
wir den weisen
der spielenden greisen

es hängen die trauben
man möchte glauben
in den himmel hinein
aber nein
sie hängen an stauden
du wirst es glauben
wenn ichs dir sage
gibts keine frage

die motte
die flotte
sucht eine karotte
und wird fündig
und frisst stündig
eine scheibe
den rest den reibe
ich
an der scheibe
für dich

Klaus
die laus
trifft eine maus
er will auf ihr wohnen
doch sie will sich schonen
weil sie will bleiben rein
und unter ihren freunden sein

Juri ist ein träumer
doch fast alles versäumt er
er will fahren mit dem lastwagen
hoffentlich macht er keinen schaden
und auch er will zur polizei
das ist ihm nicht einerlei
oder will zum hilfskorps
das schwebt ihm auch noch vor

wir sitzen im wald
und müssen bald
gehen nach hause
und unter die brause
doch das ist mir zu eklig
will lieber bleiben dreckig

es treiben die knospen
und ich muss „posten"
ganz viele sachen
die nicht dick machen

die buchen
suchen
nach noch mehr blättern
die suche ist schwer
drum suchen sie sehr
und sie wettern
jeder baum hat mehr von den blättern
als wir
das sage ich dir

mach doch die augen zu
dann hab ich meine ruh
vor dir und den andern
dann gehe ich wandern
über stock und stein
und ich bin allein

brauchst du den pc noch?
er ist doch
noch angestellt
und du verbunden mit der ganzen welt

der elefant der grosse
der stellt sich in pose
und wird fotografiert
und fühlt sich so blamiert
weil keine hose er hat an
das fühlt sich dann ganz nackt an

was hast du wieder angestellt?
ja es weiss die ganze welt
hast gestohlen
auf leisen sohlen
ein mondmobil
das ist gar viel

zwei affen die streiten
sie bereiten
eine fete vor
da steht vor dem tor
ein elefant und will auch rein
das kann es doch nicht sein

es quietscht auf dem pedal
na schauen wir mal
s ist eine maus die hockt dahinter
und hier verbringt den winter

Kasimir hahn
der nicht gut lesen kann
besucht einen kurs
da sitzt auch der Urs
kann auch nicht lesen
das wärs gewesen

es hat schnee
ach ne ach ne
skifahren geh ich
und dann steh ich
am lifte an
„Gottverdamm…"
es geht nicht vorwärts
s ist kein scherz

ich hinke
und winke
dir zu
ach du
komm mich besuchen
sonst muss ich fluchen
bin ganz allein
möcht bei dir sein
möcht dich halten an den händen
neben unseren kalten wänden
und dir geben einen kuss
das wäre kein verdruss

ich bin ein trottel
ich fahre ins motel
und habe kein geld dabei
was mach ich so „älai"?
kann bezahlen nicht
der wirt ist erpicht
auf das geld
ach ich bin kein held

das kleine wiesel
sucht einen kiesel
kann ich dir helfen?
nein das machen die elfen
sagt das wiesel
und rennt fort mit seinem kiesel

ich fahre über land
da stand
ein wegweiser
und ich war so heiser
konnt es nicht laut lesen
drum fress ich einen besen
wenn ich jetzt nicht fahre falsch

fresse einen besen
wenn du kannst lesen
kannst es nicht?
bist ein armer wicht

ich spiele einen lotto
nur un poco
warte auf den gewinn
das wär nicht so schlimm
würde dann wandern
von einer stadt zur andern
und geniessen das leben
eben
in vollen zügen
und ich werd niemanden betrügen

herrchen und hund
die beiden wollen
herumtollen
das ist gesund

dann singe ich halt
es ist kalt

ich ess noch eine „grütze"
dann nehm ich schal und mütze
und gehe fahren ski
das war ich noch nie

ein armer Berner
er heisst Werner
er ist schon alt
hat in seiner wohnung kalt
kann sich nicht leisten kohle
doch das wär zu seinem wohle

ich suche
in einem buche
nach einem roman
den ich dann lesen kann
spannend ist er
ich möchte wissen wer
der mörder ist

wer der mörder ist
das vergisst
man mir zu sagen
doch ich hätt da noch fragen
weil ich mein
und das ist gemein
jeder könnte der mörder sein

kann nicht schlafen
was soll ich machen?
schäfchen zählen
und die schönsten auswählen?

der vollmond schaut durchs fenster
und heute glänzt er
die sterne leuchten am firmament
niemand der sie alle kennt

ich suche
in einem buche
nach einem wort
dann werf ich es fort

ich fahre nach Walenstadt
da hat
es einen strand
leider ohne sand
doch ich will schwimmen gehn
das ist so schön

meine mutter
die kauft butter
für einen kuchen
den will ich dann versuchen

mit dem „velo" fahre ich
und ich sag ich liebe dich
wir fahren zu dritt
wer kommt denn noch mit?

du bist mein gast
wenn du noch abfall hast
tun wir ihn dann entsorgen
und warten nicht bis morgen

eine melone
geht oben ohne
spazieren
auf allen vieren
das sagt sie zu Mille
hab vergessen die brille

der cowboy
Bill
der will
einmal fliegen
mit den ziegen
in den himmel hinauf
das ist der verlauf dieser geschichte
geschrieben für meine nichte

der bauer nimmt
und das ganz bestimmt
für sein gemüse kein geld
das weiss jetzt die ganze welt
und jeder kommt holen
ganz verstohlen
dass ihn niemand kennt
doch der bauer nennt
alle beim namen
amen

ich bin daheim
doch insgeheim
bin ich schon weg
ich laufe über den steg
da steht mir im weg
ein elefant
ich hab ihn nicht erkannt

die planeten
die beten
dass menschen kommen
doch sie sind ganz beklommen
was sollen sie ihnen geben zum trinken nur?
denn sie haben doch nur whisky pur

die weisen vom morgenland
möchten gerne an den strand
sie nehmen mit die badehose
und stelln sich dann in pose
für ein foto für daheim
ach ist das gemein
dass ich nicht bin dabei
denn eins zwei drei
wär gemacht das foto
und ich gewinn vielleicht im lotto

die weisen
die kreisen
im kreise herum
ach ist das dumm

Willi fliegt noch weiter
und dann „sait" er
kommst du mit nach Holland?
da können wir am strand
flanieren
und es passieren
immer lustige sachen
die du und ich nicht könnten machen

wir brauchen kohlen
für den tollen
ofen im garten
doch der muss noch warten
ich muss erst kohlen
holen
und es pfeifen die dohlen
von den dächern herab
und ich laufe bergab
bis ich hab die kohlen
für den tollen
ofen im garten

eine zitrone
geht nicht ohne
schirm spazieren
und wenn es regnet
ist sie gewappnet
und wenn die sonne scheint
und nicht der himmel weint
braucht sie den schirm
damit sie nicht wird rot
und umfällt tot

ich bade im meer
das ist sehr
gefährlich
weil jährlich
viele menschen dabei sterben
aber dann lachen die erben

es lachen die erben
doch die werden
noch früh genug erfahren
dass der tote mit den jahren
das geld verjubelt hat
ist das nicht „glatt"?

ist das kalb geboren
schon wird es geschoren
wie die kuh
und die macht muh

ich pfeife aus dem letzten loch
doch doch
ich bin zu schnell gelaufen
wäre besser gegangen saufen
dann wär ich nicht so müde
und du sei nicht so prüde

wir essen käse und nüsse
und ganz süsse
melonen dazu
die sind im nu
gegessen auf
und ich geh und kauf
noch mehr melonen
doch sollte ich mich schonen
wegen meinem knie
das heilt sonst nie

blumen pflücken
bereitet entzücken
ich stelle sie in eine vase
aber komm gib mir eine gaze
ich habe mich verletzt
und brauche jetzt
noch ein pflaster

warum bist du so traurig?
weil du so „schaurig"
mühe hast
mit deinem gast?

die meisen sie pfeifen
und es ergreifen
die hunde die flucht
und wir verduf-
ten auch
so will es der brauch

der ball fliegt weit
und ich bin breit
der ball fliegt noch weiter
und ich werde noch breiter

briefe und gedanken
für einen franken
von wem wohl könnte das sein?
ich kaufs und dann ists mein

wir warten
im garten
auf der vögel pfeifen
ich kann es nicht begreifen
alles ist so still
sie machen nicht was ich gern will

frei sein tut mein herz
es ist kein scherz
du hast mich verlassen
hast du nicht mehr alle tassen
im schrank?
ich sitz auf einer bank
und denk es war so schön mit dir
bitte glaube mir

das fest der lichtwesen
das ist gewesen
vor ein paar tagen
und es haben
sich eingefunden viele leute
und die schwärmen noch heute
von dem schönen fest
und niemand war gestresst

Bill habt durst
und braucht ne wurst
dazu ein bier
getrunken ist das bier im nu
was sagt man denn dazu?
und Bill will noch eins
doch der wirt gibt ihm keins
weil er ist ein säufer
und der wirt das weiss er

eine grosse „wäschezeine"
die wie ich meine
ging spazieren
und flanieren
am strand entlang
da kam ne wäscheklammer
und die sagte
„sammer"
auch da

ich gehe nicht schlafen
wie die braven
bürger vom ort
ich gehe fort
in den wald
also bis bald

hast du nicht alle tassen im schrank?
dort unten auf der bank
sitzt dein bruder
und da tut er
wie wenn du ihn nicht würdest kennen
und er fängt an zu rennen
bis in die stadt
was er denn hat?

noch weiter!
schreit er
und wir fahren die ganze strecke
wie eine schnecke
drum dauerts so lang bis wir sind am ziel
es war doch etwas viel

weiter so heiter
will ich gehen
und dabei sehen
auf der welt das schöne
und meine söhne
begleiten mich

was nützt das?
du nimmst ein glas
und zerschmetterst es
war „des"
ein ausbruch deiner wut?
hats wenigstens getan gut?

der neue katalog ist da
judihu und trallala
kann mir aussuchen kleider
die ich leider
nicht bezahlen kann
doch vielleicht mein mann?

ich erhasche
eine grosse tasche
im ausverkauf
es stürzten sich viele leute drauf
die schnellste war aber ich
jetzt hab ich ein geschenk für dich

ich habe mut
und du hast ne wut
im bauch
ich auch
aber deswegen lassen wir uns nicht lumpen
und rauchen trotzdem einen „stumpen"

gib mir einen salat
und dazu ne grosse portion spinat
um gross und stark zu werden
hier auf erden
um zu machen sport
und ich halte mein wort

ich habe ein klavier
verkaufen könnte ich es dir
doch ich werds nicht „mache"
das ist so eine tolle sache
jeden tag sitz ich daran
und spiele dann
und wann
melodien so schöne
haste noch töne?

ein tag zum fahren aus der haut
denn du hast einen unfall gebaut
der wagen ist gefahren zu schrott
das war sicher ein komplott
von den nachbarn den lieben
die wollten uns betrügen
darum standen sie auf der strasse
und du musstest vom „gase"
und in die wand hinein
das ist gemein

ganz stolz und heiter
fliegt Bill noch weiter
dem monde zu
und im nu
er landet
und wer ist da gestrandet?
männchen vom mars
das wars

der tag ist gekommen
ich seh nur noch verschwommen
ich brauch eine brille
doch mein wille
der sagt nein
kann ich doch sehen noch den mondenschein

die liebsten grüsse von mir
ich vermisse dich hier
ich bin am wellness machen
das wärn auch tolle sachen
für dich
und nicht nur für mich
schwimmen und massieren
du musst dich nicht blamieren
wegen deiner figur
also komm nur

die besten grüsse von mir
die sende ich dir
denn in den ferien bin ich
es „gluschtät" sicher auch dich
du könntest noch kommen
denn ich hab gewonnen
ein zimmer mit zwei betten
wollen wir wetten?

zwei drei blätter
das hätt er
mir können geben
aber eben
knausrig ist er
sehr

er ist so fein
und noch so klein
kann noch lachen
und spässe machen
und weiss noch nichts von ernsten sachen

ich tu motzen
weil ich muss kotzen
ich bin krank
doch Gott sei dank
hab ich deshalb heute frei
hoffentlich geht der tag nicht so schnell vorbei

tante Berta istn tolles haus
kennt sich in allen dingen aus
braucht keine handwerker mehr
sie „flickt" alles genau sehr
und weiss zu spielen mit den kindern
das gefällt allen „grindern"
und ne kanone ist sie im sport
doch sie hört das und rennt fort

im garten
tu ich warten
mit einem buch
auf deinen besuch

kurzgeschichten eins und zwei
die bring ich dir vorbei
lesen kannst du sie
und träumen „däbii"
und mir deine meinung sagen
dann muss ich dich nicht fragen

ich klau
eine sau
und mäste sie
komm her und schau die
wie sie schon ist dick
das gibt ein wackeres stück

wir kommen zum ziel
mit nicht viel
mit ein paar „latschen"
und etwas tratschen
bis hält an der „zug"
jetzt hab ich schon genug

muss das so sein?
bei einem glas wein
wird die zunge leichter
und die gespräche „seichter"

eine rose
aus der dose
stellt sich in pose
wartet auf den „röserich"
der ihr sagt ich liebe dich

auf dem klo
da geht es so
man liest die zeitung
und wartet bis der dung
runter ist
das gibt dann mist

meine gedanken
sie schwanken hin und her
was soll ich denn noch mehr
noch mehr kohle bringen heim?
bin doch nur ein arbeiter klein
wie soll ich das denn machen
kennst du dich aus in solchen dingen?
ich könnte mich glatt umbringen
weiss nicht mehr aus noch ein
so kann ich nicht mehr gehen heim

nonsens und gedichte
das ist eine geschichte
ich kanns nicht lassen sein
immer wieder kommt mir ein reim
in den sinn
doch ich bin
kein genie
das war ich noch nie

ich habe dich beneidet
bis dass der tod uns scheidet
du warst so fit
und hast damit
gewonnen viele preise
sogar ne schöne reise
nach Costa Rica
da trafst du Britta
sie kam mit dir nach hause
so jetzt brauch ich eine pause

ich kauf eine brühe
ich geb mir mühe
sie zu kochen
mit einem knochen
für den hund
na und?

was ist mit dir los?
du kannst
doch singen ganz famos
des tones leiter
und noch weiter
kommst du mit deiner stimme
ich bringe
dir ein glas wasser
dass er
weiter singen kann
dieser mann

ich bringe
aus meiner stimme
keinen vernünftigen ton heraus
es ist ein graus
bin so heiser
dass es ist weiser
zu hause zu bleiben
und nichts zu übertreiben

Reto hat eine kleine tochter
die mag er
sehr
und er
macht immer mehr
mit ihr
glaube mir
sie gehen sogar fahren ski
das war ich noch nie

ich bi go schwümmä gsi
drum muess i d haar ächli
abschniedä wells chnöpf drin hätt
aber ich wett nöd vill schniedä
wills lang söläd bliibä

ich bin so vergesslich
das ist ganz grässlich
vergesse zu baden
nicht einmal die waden
vergesse zu schlafen
wie es die braven bürger tun
was mache ich nun?

in ferne länder reisen
da gibt es köstliche speisen
hummer und crevetten
da möchte ich wetten
dass ich hab es nicht gern
drum möcht ich gar nicht gehen fern

käse und wurst
das stillt nicht den durst
möcht zu trinken was haben
und mich daran laben
ich denk an ein bier
das gönne ich mir

meinem sohn
dem glaube ich schon
dass er lesen gut kann
und dann
noch machen sport
und er hält sein wort
geht jeden tag springen
und tut dabei singen

möcht an der uni studieren
wills einfach mal probieren
doch ich bin ein tor
komm nicht hinterm ofen hervor
getrau mich nicht
weil ich bin kein licht

ein glas ovomaltine
ist nichts für „Trine"
sie trinkt lieber einen punsch
auf ihren wunsch

es bleibt der föhn
das ist schön
ihn in den haaren zu spüren
ihn fast können berühren
das gefällt mir sehr
und ich möchte noch mehr
spüren die natur
doch das geht nur
wenn man draussen ist
und die jacke nicht vergisst

er kann lügen
und betrügen
so wie es ihm gefällt
er narrt die ganze welt
und er hat kein geld
kriegt trotzdem was sein herz begehrt
und was noch hat wenig wert

er kann machen
die tollsten sachen
kann springen wie ein gnu
drum ist er im nu
an einem andern ort
und schon ist er fort

sie haben einen streit
der geht soweit
dass sie sich prügeln
und nachher bügeln
sie es aus
so kommt wieder frieden ins haus

musik ist es aber nicht
doch wir reiten bis zum licht
dort spielen die wichte und elfen
und wir helfen
beim kochen
das dauert wochen

sie möchten singen
und es erklingen
die schönsten weisen
von den greisen
hinter den geleisen

herr Meier kann nicht schlafen
drum geht er runter zum hafen
und schaut den schiffen zu
wie sich geschwind
die segel blähen im wind
und verlassen im nu den hafen
und herr Meier geht wieder schlafen

und wir haben dabei gemacht
ein ganz kleines baby
wirds n boy oder ne lady?
und wir küssen uns ganz fest
und ich mach den schwangerschaftstest
und der fällt positiv aus
drum kaufen wir uns ein haus
und ein paar monate später
kräht er

es istn boy
hoffentlich bleibt er einmal treu
seiner liebe der grossen
und wir stossen
auf ihn an
das leben kann
so schön sein
und wir schenken uns ein
ein zweites glas wein

mir gehts beschissen
versuch ganz verbissen
zu ändern das
doch es ist wie ein fass
ohne boden
niemand tut mich loben
für das was ich mache
das ist so eine sache

ich nehm die grosse pfanne
und füll damit die wanne
dann kann ich gehen baden
ich muss keine angst haben
dass mich stört jemand
denn daheim ist niemand

ich spiele klavier
bis um vier
dann muss ich machen
noch andere sachen
gedichte schreiben
und es bleiben
noch zeit genug
und ich nehm den hut
und geh spazieren noch
das gibt mir auftrieb doch

dieses teil
das ist geil
das musst du kaufen
und damit herumlaufen
die leute werden schauen
wie wenn sie einen pfauen
sehen im zoo
und das macht dich froh

ich mache einen „hörnliauflauf"
und ich nehm in kauf
dass ihn nicht mögen alle
doch das ist mir „egale"
sie sollen essen was kommt auf den tisch
denn sonst gibts fisch

weil ich nicht mag den frass
sitz ich ins auto und drücke aufs gas
und fahre mit meinem frust
nach Rust
in den Europapark
wo ich für fünf mark
kann gehen rein
hab ich ein schwein
muss dann die bahnen suchen
ess auch mal kuchen
bis am abend bleibe ich
bis sie machen dicht

diese „grütze" ess ich nur
wenn ich sie kann haben pur
ganz ohne sauce
denn das geht mir immer in die hose
muss dann aufs wc rennen
und ich tu mich bekennen
dass ich keine sauce will
und jetzt sei endlich still

einen kebab kauf ich mir
nichts davon geb ich dir
kann ihn dann
essen ohne zwang
weil du gegangen bist
und was anderes isst

frau Meier
hat keine eier
muss welche gehen kaufen
und tut sich verlaufen
jetzt kann sie kaufen
keine eier mehr
und das ärgert sie sehr

ich spiele klavier
gefällt es dir?
alte melodien spiele ich
die berühren sicher auch dich
könnt nicht mehr sein ohne klavier
das glaube mir

mir gehts beschissen
und ich möcht wissen
warum das so ist
hab ich gebaut mist?
ich glaube nein
doch warum muss das so sein?

es verfolgt mich ein hund
na und?
er möcht aus meinen vielen taschen
sich eine wurst erhaschen
doch das gibt durst
so ne wurst
und er muss trinken wasser
doch das hasst er

ich möchte wissen
warum du so verbissen
betreibst deinen sport
bist dauernd fort
und rennst immer an einen andern ort
was bringt dir das?
wir besprechen das
bei einen glas
wasser sagst du mir was du damit bezweckst
bevor du „verreckst"

in einem lokal
welches ist ja egal
möchten sie saufen
und sie kaufen immer mehr bier
und lustig finden sies hier
bis dann sagt herr Wüthrich
so ich mache dicht

mein gesicht
das mag ich nicht
hat narben zuviel
ich hab das gefühl
alle schauen mich an
ob das sein kann?

zwei affen
gaffen
in der gegend herum
sind die doch dumm

die bananen sind krumm
das wollen sie glauben nicht
und fragen dazu einen wicht
der ist nicht dumm
und sagt die bananen sind immer krumm

ich bin zu haus
mit einer laus
die laus die sagt
bist du parat
um tanzen zu gehn?
das wär sehr schön
ich sage ihr
sie solle mir
noch lassen zeit
um mich zu machen bereit

ich liege wieder mal flach
und es pfeifen die vögel vom dach
sie tun singen
und mir bringen
viele grüsse vom wind
dem himmlischen kind

bin wieder aufgestanden
denn es schwanden
meine müdigkeit
jetzt bin ich wieder bereit
was zu tun
was machen wir nun?

sie wollen mit uns spielen
und fühlen
dass sie zu uns gehören
die wilden „gören"
und so weiter
geht es heiter
zu und her

du wärst bereit
doch das geht zu weit
zu stehlen in nachbars garten
und ich soll schmiere stehn und warten

wer will noch mehr
von dem guten punsch?
und „dänn chunsch
au du"
dazu

kann nicht mehr gehen
und es tun mir die zehen
so weh
o jeh
hab zu kleine schuhe an
drum muss ich mir dann
welche kaufen
dass ich wieder besser kann laufen

es tanzen „blutte" weiber im hof
da kommt ein „goof"
und bringt ihnen kleider
die sie leider
nicht ziehen an
und was dann?

eine maus und ein elefant
spazieren über land
da sagt die maus zum elefant
ganz galant
wie du gehst
so
steh ich auf dich immer „no"

ich mache noch
das siehst du doch
einen kuchen
dabei könnt ich fluchen
weil er mir will nicht gelingen
das sind solche dinge
die mich in rage bringen

ich trink einen tee
o jeh
ich bin krank
und schon so schlank
es wird langsam gefährlich
ehrlich

eine mutter
trifft eine butter
sie sagt zu ihr
ich schmier
dich auf mein brot
die butter die sieht rot

immerfort
von einem ort
zum andern gehn
das wäre schön
und bewundern dabei
die natur so frei
und mal pause machen
und sehn die kleinsten sachen
welche uns hat zu bieten die natur
da staunen wir nur

willst du dann
und wann
ein kind von mir
oder zwei drei vier?
eine „horde bengel wilder"
und sie hängen ab die bilder

ich lasse mich nicht lumpen
zwei flaschen stehn noch unten
wir holen sie rauf
und trinken auf unser wohl
das ist kein kohl

eine maus und ein elefant
spazieren am strand
da sagt die maus
gut siehst du aus
wollen wir machen
ein paar sachen?
kommst du schwimmen mit mir?
komm ich helfe dir

Klaus
die laus
trifft eine maus
willst du mit mir gehen?
du kannst auf mich ziehen
und Klaus
zieht auf die maus
und geht mit ihr
von da nach hier
und Klaus lebt auf der maus
ganz vergnügt in saus und braus

ein klavier
das glaube mir
kann bringen viel
ein schönes spiel
und dazu klänge
als wenn ich sänge

eine gazelle
springt schnelle
über land
und sie fand
ein löwenkind
steh auf geschwind
sonst fress ich dich zum „znacht"
wie ein grosser löwe das macht

ich möchte laufen
statt dessen geh ich saufen
krieg nie genug
und das ist nicht klug

die motten fliegen im licht
da kommt ein wicht
und fragt was macht ihr da?
wir fliegen siehst du ja
weshalb fliegt ihr im licht?
so dumm fragt nur ein wicht

willst du mir helfen
die elfen
zu suchen
dort bei den buchen?
ich kann sie hören
will sie aber nicht stören

ein torwart und ein tor
gehen vor
den richter
da spricht der tor
der dichter
mein ball flog ins tor
doch davor
stand der torwart
ist das nicht ein bisschen hart?

ich habe den beweis
und der ist ganz heiss
geraucht hat sie
und wie
gefunden hab ich
und das beweis ich
ein paar zigarettenpäckchen
in ihrem „säckchen"

die hummeln die brummen
zwei bienen die summen
ist es nicht schön
von blume zu blume zu gehn?

ein streit
mit Veit
kann enden bös
und gar nicht glamourös

zwei „velos" unterhalten sich
das eine sagt ich liebe dich
und klingelt mit der glocke schrill
zur unterstützung was es will
die bremse zieht das andere „velo"
und sagt ich möcht „nöd mit dir go"

der Horst ist dumm
immer fällt er um
stolpert über stein und stock
für mich ist es immer ein schock
wenn er so verschlagen
nach hause kommt zum klagen

eine laus
die frisst ne maus
hat sich überfressen
hat ganz vergessen
dass die maus viel grösser ist
das ist ein mist

ein „tram" entgleist
weil es ist vereist
fragt das tram
was wird jetzt dann
mit mir?
kann doch nicht laufen von hier

eine maus
geht aus dem haus
mit sieben kindern
und sieben mündern
sie nehmen die strassenbahn
und kommen an
beim bäcker Bolte
dort die mutter holte
brot und kuchen
und die kinder wollen gerade versuchen
den süssen kuchen
doch die mutter sagt nichts da
glaubt mir o ja
den kuchen gibts später
doch ein paar verräter
finden den kuchen und naschen davon
doch das merkt die mutter schon
und schliesst sie ein daheim
und sagt für euch verräter
gibt es kuchen später

ich bin arm
doch dort ist es schön warm
und auch mein darm
fühlt sich wohl
ohne kohl

der bär kommt daher
gekleidet elegant
denn er will „auf die gant"
und dort verkaufen seine frau
denn die ist ständig blau

möchte wissen
was die süssen
mädels machen
wenn sie so lachen

die zitrone geniert sich
weil sie so bleich ist
will liegen an die sonne
das bereitet ihr viel wonne
doch es bekommt
ihr gar nicht gut
und sie tut
sich schälen

der vogel hat ne bleibe
auf einem zweige
da sitzt er und singt
dass es in der ganzen welt erklingt

eine kleine maus
die hat ein haus
wie eine villa
und es ist so still da
weil sie wohnt allein
in ihrem heim

eine melone
und eine zitrone
verabreden sich
sagt die melone
zu der zitrone
ich bin bereit
zu einem fight

die kobolde kommen
und haben vernommen
dass es bei uns gibt arbeit
das ist was sie wollen
und sie sind bereit
doch schon ist einer verschollen
sie sind zu klein
für diese arbeit bei uns daheim

eine kiste bier
das gönn ich mir
denn einen frust hab ich
das sag ich nur für dich
muss verkaufen mein haus
doch da steh ich drauf
kann nicht mehr bezahlen den zins
tu nicht so nein grins

die rüben
üben
zu verstehen
wie das soll gehen
doch sie verstehens nicht
das ist nicht ihre pflicht

die katzen pfeifens von den dächern
es gibt krach beim Mächlern
er wirft ihr schlechte worte an den kopf
sie ihm entgegen einen topf
er will sich wehren
und dabei verzehren
einen „landjäger" den kann er entbehren
sie gibt auf
und läuft rauf
in den wald
doch dort findet er sie bald
und sie streiten weiter
bis sie sind wieder froh und heiter

der blumenkohl
der hat für sein wohl
eine kleine laus
die ist bei ihm zu haus
und fühlt sich wohl
auf dem blumenkohl

holderi und holdrio
wir drei sind heiter und froh
haben eine kuh verkauft
die uns immer davon lauft
jetzt hat sie ein bauer ein anderer
und soll schauen wie er den wanderer
hält zurück
dieses stück

Bill und Joe
die sind froh
sie essen vor ihrer hütte
eine suppe
da kommt ne „puppe"
hat sich verlaufen
bettelt um etwas suppe
will sie sogar kaufen
doch Bill und Joe
schenken der „puppe"
die suppe

die torten
mit worten
werden geschlagen
und sie fragen
weswegen
sind wir unterlegen?

der bär hat tatzen
und wir machen fratzen
der bär zieht aus
es ist ihm ein graus
die fratzen anzuschauen
und er will sich bauen
ein eigenes haus
und ohne bewohner mit fratzen
sondern nur mit tatzen

eine ameise
die flüstert leise
mir etwas ins ohr
doch ich tor
versteh es nicht
und die ameise weint fürchterlich

der Bill und der John
die wolln
in die stadt
und essen sich satt
an grünen bohnen
die beiden stinken so fürchterlich
da getraut sich kein mensch willentlich
in ihre nähe zu gehen
die beiden können es nicht verstehen
das nehmen der Bill und der John
ihnen übel schon

eine giraffe
hätt gerne eine laffe
von dem „metzger" nebenan
doch sie kann
nicht zur tür rein
denn sie ist ein klein
wenig zu gross

es treffen sich zwei leute
von heute
die sagen sei still
ich weiss was ich will
sie wollen beten
und vertreten
die kirche von heute
ach die armen leute

salami
fürs mami
schinken
für die finken
die welt dreht sich verkehrt herum
und das ist dumm

du bist ein tor
kommst nicht hervor
hinter dem ofen
auch wenn die „goofen"
tun wie schweine
du denkst dir nur das eine
du weisst was ich meine

eine frau
sitzt betrübt
und gar nicht vergnügt
im mondenschein
so ganz allein
sie denkt könnt ich doch „au"
zu sitzen zu zweit
ich wäre bereit

igel und hase
haben eine gute nase
wollen gern flanieren
und spazieren
da kommt der storch
horch
und nimmt den hasen mit
ist das nicht ein hit?

ich muss ihm sagen
es soll wurzeln schlagen
dieses pflänzchen
dann machen wir ein tänzchen

ich kann irgendwo schlafen
und muss nicht schaffen
ich kann tun was ich will
ich danke dir Bill

die torten
von den sorten
mit sahne
und ohne banane
wollen brechen aus
wollen sein kein schmaus
für die dicken frauen
die sich damit aufbauen

der kleine
alleine
„daheime"
ehrlich
ist zu gefährlich
in meinem sinn
für ihn
drum lass ihn nicht alleine
das ist es was ich meine

ich hole
eine dohle
die soll mir helfen
bei den elfen
zu montieren
die lampen
denn die glühwürmchen die kleinen
sind in den streik getreten
die müssen gar nicht meinen
und wir beten
dass alles gut hält
und es den elfen gefällt

willst du mit mir gehen?
ich habe gesehen
du hast dabei den hut
ich habe den mut
ohne ihn auszugehen
und wir sehen
viele behutete leute
und ich blamiere mich heute

den ganzen tag
bin ich parat
und wart auf dich
doch du lässt mich
einfach so im stich
was soll ich dazu sagen?
ich muss dich mal fragen
was dir wichtiger ist als ich
warum du mich einfach lässt im stich?

eine biene und ein frosch
gehen hinter nachbars bar
das ist wahr
die biene sagt zum frosche
du hast aber eine grosse gosche
geh doch noch sirup holen
den trinken sie verstohlen
und dabei stossen sie an
ein jeder wie er kann

die schlauen köpfe
haben verschiedene töpfe
ausgemacht
wär ja gelacht
wenn nicht einer passen würde
dann haben wir wieder genommen ne hürde

ein faden sagt zur nadel
ich bin vom feinsten adel
ich bin von goldener farbe
hab nirgends eine narbe
ich bin zu schade für dich
ich entschliesse mich
wegzulaufen
von diesem sauhaufen


ein frosch kommt des weges
ausserhalb seines geheges
will über die strasse gehen
und er tut sehen
auf beide seiten
doch von weitem
kommt daher ein wagen
ich wollt es ihm noch sagen
doch es macht platsch
und der frosch ist matsch


dem blumenkohl
dem ist nicht wohl
muss sich übergeben
aber eben
auf ein radieschen
und das sagt zu ihm
„chotz dänn"
woanders hin
das ist nicht nach meinem sinn


ein ganz schlauer
bauer
verkauft eine kuh
und geht im nu
ins casino
und trinkt dort vino

ich reime texte
und bin die sexte
die texte einreicht
ja vielleicht
werden sie gedruckt
das wäre ja „verruckt"

der Billy
und der Willy
sind zwei schurken
die stehlen gurken
wolln sie auf dem markt verkaufen
müssen aber räumen die front
denn der besitzer kommt
der kennt seine gurken
und auch die beiden schurken

ein känguru
macht muh
und es staunt ein jeder
weder
ich noch du
kann machen muh

der Bill und der John
die machen was sie wolln
gehen schwimmen
oder erklimmen
berge in schwindelnder höhe
da kommt ein löwe
angebrüllt
was tun
fragen sie nun?
wir brüllen zurück
und der löwe rückt
ab

ein gnu
ist im nu
an einem anderen ort
denn es will fort
hat schon eine karte zum fahren
doch muss es bewahren
noch etwas geduld
das ist nicht seine schuld
denn der „zug" ist entgleist
er war vereist

möchte warten
im garten
auf dich
liebst du mich?
es muss doch so sein
drum schenk mir ein
ein glas wein

der Bill und der John
die wissen es schon
dass wir wollen wohnen
und kochen bohnen
in einem wagen mit pferden
aus den grossen herden
wir wollen es wissen
und tun uns versüssen
den anfang so hart
mit einem Smart

Bill und John
die jagen schon
büffel
doch sie kriegen einen rüffel
weil zu viele büffel
sie haben schon gejagt
jetzt sind beide verzagt

der Bill und der John
die liegen schon
im „bette"
unter freiem himmel
und ich wette
ohne das gebimmel
könnten die beiden braven
nicht schlafen

der Bill und der John
die wollen schon
einmal in die stadt
drum haben sie sich fein gemacht
mit einem hut auf dem kopf
der aussieht wie ein topf
sie denken so fallen wir weniger auf
doch es ist der brauch
keinen hut in der stadt zu tragen
sie hätten erst sollen fragen

ich warte
bis ich starte
von a nach b
und dann nach c
an einen wunderschönen see
dort nehme ich ein bad
das ist es was ich im moment mag

der Bill und der John
die machen das schon
wollen zureiten ein pferd
welches ist ganz begehrt
sie wollen sitzen aufs pferd
doch das begehrt
auf und wirft ab Bill und John
sieh da liegen sie schon

in die kugel schaue ich
und dabei sehe ich
in die zukunft
mit vernunft
ich seh wie ich fahre ski
das machte ich noch nie
ich seh wie ich weiter kann schreiben
da werd ich dranbleiben
und ich sehe wie ich mache musik
ja sie das „gits"

bin am fliegen so sehr
was will ich noch mehr?
bin in einem hoch
doch
der tiefe fall der kommt bestimmt
und nimmt
mir jede lust zum leben
eben

ich geh im winter baden
die leute schauen dumm
ich mach es wie die „alten Knaben"
und zieh mich am wasser um
geh rein ins kalte nass
und die leute werden ganz blass
ich geniesse mein bad
es war eine wohltat

der Bill und der John
die wollen schon
mit den schafen
gehen schlafen
doch da kommt ein geier
und der will eier
Bill und John haben keine
da zieht er wieder leine

ich verkaufe mein sofa
und mein mofa
warum denn das
fragt mich der „haas"?
ich will wandern aus
und werd wohnen in einem andern haus

der Bill und der John
die warten schon
seit tagen
auf den lastwagen
der ihnen soll bringen
noten zum singen
denn sie wollen gründen einen chor
mir den soldaten im „fort"

möchte singen
und dazu bringen
einen lauch
und dich auch
zum nachher essen
doch stattdessen
singt der lauch
auch

der Bill und der John
die lassen sich von
niemandem was sagen
sonst gehen sie grad klagen
beim gericht
ich möchte sehn ihr dummes gesicht

möchte nicht klagen
doch noch so viel sagen
hast du heute schon geliebt?
ich werde die leute danach fragen
denn weisst du eigentlich dass es das gibt?

ich bin so weit
bist du auch bereit
mich zu lieben
und folgen unseren trieben
bis wir schlafen ein?

der Bill und der John
die machen was sie wolln
reiten durch die prärie
das würde ich nie
und fangen pferde ein
das finde ich gemein
und ziehn mit dem planwagen
und betteln um milde gaben
weil sie haben ja kein geld
das man braucht auf dieser welt

nichts zu waschen
ausser flaschen
wäsche keine
ausser meine
was soll ich tun?
ruhn

wir gehen nach haus
gut siehst du aus
deine langen haare
sind eine wahre
pracht
gib acht
dass sie so schön bleiben
ich tu dich darum beneiden

jawohl
ohne kohl
mir scheint wohl
dass ich das soll?

wir holen
die kohlen
aus dem feuer
es ist ein neuer
ofen aus stein
der muss so sein

die elfen
helfen
den feen beim fest
das ist ein test
ob sie sich vertragen
ich werd sie dann mal fragen

der Bill und der John
die lachen schon
wollen pferde zureiten
und ein grosses fest bereiten
jeder der will
kann mit Bill
ein pferd besteigen
und das tanzt dann fast einen reigen
bis die zwei herunterfallen
und das gefällt allen

ich gehe
wenn ich stehe
nicht vom fleck
und hier hats dreck

wir stehen in einem stau
„au"!
es geht nicht voran
und wir müssen dann
gehen zu fuss
ist das ein genuss

barfuss gehe ich durchs weiche gras
meine füsse werden nass
vom morgentau
der ja „au"
die wiese bedeckt
mich aber nicht erschreckt

der löwe sagt zum gnu
hör mir gut zu
ich bin stärker als du

die süssen hunde bellen
und es hat wellen
an der see
das tut nicht weh
die hunde wollen schwimmen gehn
und ich sag auf wiedersehn

heimweh habe ich
und das ist nicht gut für mich
heimweh nach den seen
wo die feen
so schön tanzen
und ich nicht immer frier an den „ranzen"

ich muss fassen neuen mut
und mir kaufen einen hut
um wieder unter die leute zu gehen
dass alle sehen
mir geht es wieder gut

die kobolde kommen
und haben genommen
einen apfel einen feinen
den geben sie ihren kleinen

das gibt ein fest wohl
ohne alkohol
mit drinks für die kinder
die nicht minder
haben freude daran
wohlan

juhee
es hatte schnee
wir ritten
auf den schlitten
den berg hinunter
ganz frisch und munter

die polizisten
misten
aus
in unserem haus
hats viel gesindel
das ihr bündel
jetzt packen muss
ob mit oder ohne verdruss

an der sonne zu sitzen
und sich dabei erhitzen
ist nicht gesund
na und?
ich mach es dennoch
und wenn sich noch
setzt ein mann dazu
dann bin ich ganz ohne ruh

die finken wollen trinken
an einem trog
da fliegt einer fort
er will trinken aus einer tasse
er hebt sich ab von der masse

ich bin am schauen
wo die pfauen
sich befinden
unter den linden
sind sie am schlafen
diese braven
tiere vom zoo
sonst gibt es sie auch noch anderswo

kann ich hier verkaufen
einen haufen
alter dinge
welche ich bringe
an den marktstand?
den ich aus erster hand
hab bekommen
und dafür genommen
seinen krempel auch
wieso komm ich darauf?

ein mann und seine frau
sind blau
sie suchen ihr schlüsselloch
und finden es endlich doch
doch zu drehen den schlüssel ist nicht einfach
denn sie sehen zweifach

feiertag
mein freier tag
werd ihn mit schlafen verbringen
und am nachmittag gehe ich singen
und dann erklingen
die schönsten weisen
über den geleisen
und die ameisen
sie sind zu dritt
singen mit

s geht drüber und drunter
doch frisch und munter
wie wir waren
haben wir uns erhofft
zu sehen den zaren
nach all den jahren
doch nichts dergleichen geschah
na ja

eine maus
die kauft ein haus
ein ganz grosses
ein richtig famoses
jetzt braucht sie nur noch einen mann
der mit ihr ins haus ziehen kann

die biene summt der hummel ins ohr
geh du doch schon mal vor
und schau obs noch hat honig
denn ich hab erst ein wenig
erhalten
gehör ich  denn schon zu den alten?

dem minister
seine sister
will ein boot
da sieht sie rot
weil sie findet keins
doch sie möchte eins
möcht fahren hinaus
und nie mehr nach haus

ich muss dich lassen los
du wirst mir zu gross
ein auto wie dich
ist nichts mehr für mich

am gartentor
da sitz ich davor
in den händen eine rose
ich bin doch keine mimose?
denk ich für mich
und trotzdem lieb ich dich

wohin des weges?
frag ich „Mercedes"
ich will nach haus
zu meiner maus

mein verstand
geht über land
trifft da und dort
ein nettes wort
trifft einen anderen verstand
sie gründen einen verband
und gehen gemeinsam über land

mein verstand geht auf reisen
es umkreisen
mich viele gedanken
die auf und ab schwanken
bin ich bei verstande noch
oder habe ich ihn verloren doch?

mein hund Bobby
hat ne lobby
hinter sich
und das macht mich
fürchterlich
wütend
und zum „end"
verkauf ich ihn
damit ich wieder alleine bin

ich habe durst
doch dir ist das wurst
ich möchte gehn was trinken
doch du willst hier in deinen „finken"
hocken daheim
musst du so langweilig sein?

ich hab dich lieb
doch du bist ein dieb
hast gestohlen mein herz
und ihm zugefügt so manchen schmerz
willst du das wieder machen gut?
dann zieh ich vor dir den hut

ich will dich trösten
und dabei rösten
die kastanien im ofen
und wir hoffen
dass sie bald sind „lind"
dann können wir sie essen geschwind

möcht mit einem kleinen
baby weinen
möcht es halten in den armen
und seinen warmen
atem spüren
das könnte mich verführen

mich tuts wurmen
dass ich nicht kann turnen
ich möchte mich bewegen
und eben
spüren meinen körper
da sagt „öpper"
du bist zu fett
das ist nicht nett

gehst du ins bett?
das ist aber nett
willst versuchen zu schlafen
und die braven schäfchen zu zählen
die dich quälen
weil du so nicht schlafen kannst?
es ist wie ein verrückter tanz

die leute laufen
wie ein haufen
wild gewordener hasen
über den rasen
und alle wollen nur das eine
du weisst was ich meine

ich will bleiben
und betreiben
einen rummelplatz
da kommt ein vorwitziger fratz
und fragt was kostet die „rösslibahn"?
und ich nicht widerstehen kann
und geb ihm eintritte drei
die fährt er ganz „älai"

wir gehen in die stadt
wo es viele sachen hat
wir wollen hauen auf den putz
doch wir haben keinen „stutz"
trotzdem versuchen wirs
und ich sag zu dir s
ging gründlich in die hosen
und wir mussten betteln um almosen

schweinchen Pic
hat einen tic
möchte schlafen im heu
das ist neu

willkommen
ich hab genommen
ein paar pillen
gegen meinen willen
um können zu schlafen
und die braven
englein zu hören
die mich aber nicht stören

vom hoch komm ich weit runter
doch bin ich noch munter
und kann wieder schreiben gedichte
über dich und die wichte

in einer konditorei
da sassen wir zwei
bei kuchen und kaffee
doch ojeh
ich leere den kaffee aus
jetzt muss ich schnell nach haus
und ziehen andere hosen an
damit ich wieder ins café gehen kann

ich will gehen
und nicht bleiben stehen
ich will wandern
wie die andern
und erleben tolle sachen
die mich glücklich machen

ich träumte ich wäre
auf dem tisch eine beere
die denkt so vor sich hin
was hat das für nen sinn
so auf dem tisch zu liegen?
ich möchte ich könnt wegfliegen

ein schwein namens Pic
das hat einen tic
will kuchen fressen
das muss es aber vergessen
weil schweine fressen keinen kuchen
da fängt es an zu fluchen

ein dummer
hummer
lässt sich fangen
jetzt kommen die bangen
minuten für ihn
darf er leben oder ist er bald hin?

sieben buchstaben hat mein wort
suche es oder gehe fort
es gibt der wörter viele
und ich habe zum ziele
zu suchen welche die haben sieben silben
darauf reimt sich doch milben
doch der silben sinds nur sechse
jetzt muss ich ändern meinen reim
es sollen nur sechs buchstaben sein

die sehnsucht lässt mich nicht los
das ist ganz und gar nicht famos
möchte reisen in weite ferne
und dort gerne
unter der laterne
stehen
und sehen
wie wehen
der schiffe fahnen
und ahnen
wo sie fahren hin
ohne mit mir drin

die wölfe heulen
und dort sitzen die eulen
sie habens nicht gerne
wenn aus weiter ferne
die wölfe heulen
sagen die eulen

möchte bleiben
und mir die zeit vertreiben
aber nicht mit nichts tun
aber was nun?
habe kein hobby
und der Bobby
wir schon ausgeführt

der hut
hat mut
geht fort alleine
und trifft die gebeine
einer kuh
die macht nicht mehr muh

der löwe ist ein stolzes tier
sitzt mal dort und auch mal hier
er sagt zur löwin da ist dein platz
mein schatz
sie will sich daran halten
sonst wird er ungehalten
und bös
und sie dann nervös

die hennen
sie rennen
um ihr leben
denn eben
kommt frau Gresser
mit einem messer

zu lange verweilen bei meinen klaviernoten
das ist mir verboten
komm sonst zu stark in ein hoch
doch was macht das noch?
bin schon am fliegen
es wird mich betrüben
die landung die harte
auf die ich schon warte

ich sitze am tisch und dichte
und die guten wichte
tun mich inspirieren
und sie repetieren
was ich habe geschrieben
denn sie tun es lieben

ich kauf mir einen hut
das tut gut
mit ihm spazieren zu gehen
und die haare nicht zu verwehen
doch wenn kommt der wind
dann laufe ich geschwind

cds brennen
die ich noch nicht tu kennen
mache ich gerne
und dabei lerne
ich kennen den pc
so jetzt muss ich aufs wc

ich gehe zum fluss
da kommt ein bus
will dass ich einsteige
doch ich bleibe
weiter beim fluss
und gehe zu fuss

mit den kleinen
tu ich weinen
sie sind so traurig
es ist so schaurig
zuzusehn
nein ich muss gehn

der hund vom Meier
der frisst eier
will keine knochen
die ich könnt auskochen
fleisch will er auch keines
nicht mal vom teller meines

und er rennt immer weiter
frisch froh und heiter
will der beste läufer sein
der beste läufer am ganzen Rhein
und er hört die leute sagen
er läuft und läuft und tut nie klagen

diese maus ist ein graus
alles frisst sie an
vom „biberli" bis zum löwenzahn
möchte sie töten
doch sie tut nur flöten
versuch es doch
du „arschloch"
und frech ist sie auch noch

die mücken sie summen
und wir sind die dummen
lassen uns stechen
s ist ein verbrechen
sie saugen ab unser blut
ich kriege eine wut

hahn Silberzahn hat macken
startet auf seine hennen attacken
die hennen flüchten
denn sie fürchten
den hahn
in seinem wahn

der professor
hat nur noch ein ohr
drum hört er nicht mehr so gut
was ihn stark einschränken tut
hört nicht mehr was die schüler sagen
und was sie stellen für dumme fragen
professor braucht ein hörgerät
eins das ist was wert

cowboy Bill und Joe
die sitzen irgendwo
gestohlen wurden ihnen die pferde
jetzt hocken sie auf der trockenen erde
und warten bis die postkutsche kommt
doch das dauert lange verdammt

eine sau
sucht eine frau
will mit ihr sich suhlen im dreck
und ansetzen speck
damit beide werden richtige säue
und das ganz ohne reue

ich fliege in einem hoch
und geniesse es doch
aufwärts dreht sich die spirale
und das geniale
ist ich bleibe oben ein paar tage
jetzt ist nur die frage
wie die landung wird

der „metzger" will „metzgen"
das schweinchen Pic
das ja hat einen tic
mit dem kann es ihn austricksen
es geht „den boden wichsen"
von der frau Kuhn
die freut das nun
und alle schützen das schwein
es darf nicht gemetzget sein

ich hab einen besen
von einem wesen
erhalten
ich muss ihn aber behalten
kann mit ihm fliegen
von norden nach süden
das ist eine coole sache
die ich gerne mache

ich bin Bill
und weiss was ich will
ich will reiten über die prärie
das war ich noch nie
und kojoten finden
auch des nachts im blinden
und sie jagen fort
das wäre ein sport

Meister Proper
ist ein flotter
hats gern wenn es sauber ist
doch das ist ein mist
mag nicht putzen nur
möcht mich auch vergnügen
doch Meister Proper ist stur
und das in vollen zügen

eine gazelle
kommt auf die schnelle
aus dem busch hervor
ich kenn sie am ohr
hat mir bewiesen
dass sie kann riesen-
sprünge machen
das sind schon sachen

der Joe
der hat „vernoh"
dass alle pferde
aus seiner herde
werden verkauft
der Joe der rauft
sich die haare
und ist ganz entsetzt
investiert hat er in so viele jahre
und denkt was mache ich jetzt?

Bill und Joe
gehen irgendwo
in die prärie
wo sie
kein wasser mehr haben
und sich müssen laben
an den kakteen im graben

der bauer
hat eine mauer
um sein haus
das sieht gar nicht schön aus
will wegreissen die mauer
der bauer
dass er aussicht hat
auf die stadt

die gnome wollen autonome bürger sein
doch die wichtel sagen nein
sie sollen bleiben was sie sind
das flüstert den wichteln der wind

Bill und Joe
reiten froh
weg von zu haus
irgendwo hinaus
sie finden ein plätzchen
für ein schwätzchen
da kommt ein löwe geschlichen
doch Bill und Joe sind ihm entwichen
auf ihren pferden
aus den herum galoppierenden herden

ein wiesel
sucht einen kiesel
schön muss er sein
für seine liebste daheim

eine zwiebel und zwei rüben
die wollen üben
zu springen über eine mauer
dahinter wohnt der bauer
die zwiebel sagt das ist nicht schwer
und strengt sich an sehr
sie springt über die mauer
und landet beim bauer
direkt im mist
so ein mist
die zwiebel
riecht jetzt übel
sie sagt das muss so sein
jede zwiebel riecht so „fein"
und haucht mich an
mir kommen die tränen o mann

die dohlen
die johlen
haben gekriegt zu fressen
ein richtiges festessen
aus würmern und maden
an denen sie sich laben

zwei „kläuse"
jagen mäuse
wollen sie vertreiben
doch die wollen bleiben
es gibt eine jagd
von einer stadt
zur andern
die mäuse aber wandern
weiter
mit viel eiter
zwischen den zehen
sie fragen sich wann wird das vergehen?

der mond am himmel oben
tut sich geloben
zu scheinen immer rund
tag und nacht zu jeder stund

ein schwein
auf einem bein
hat schwein
es kann nicht sein
wie die anderen schweine
weil es steht auf einem beine

ich gehe gern spazieren
da kann ich philosophieren
und über dinge reden
die sonst bleiben eben
unter dem tisch

ein reim
das ist fein
will werden verwendet
auf dass er nie endet

noch 30 runden
das sind fünf stunden
muss ich laufen bis ins ziel
das ist recht viel
möchte pausen machen
doch solche sachen
liegen nicht drin
beim film

im schatten 30°
wer da noch mag
pflücken kirschen
und dann die rehe heranpirschen
wollen kirschen essen auch
das ist ein brauch
aus alter zeit

die sosse
auf meiner hose
muss ich waschen
mit „aschen"
sonst gibt es einen fleck
und der geht nicht mehr weg

zwei ameisen
die kreisen
um eine biene
mit ernster miene
die biene sagt
(sie wurde nicht gefragt)
wenn ich dich stech
dann hast du pech

die hühner die gackern
die ziegen die meckern
gibts nichts zu fressen?
dabei müssen wir essen
dass wir werden stark und gross
das wäre doch famos

ein wiesel
ohne diesel
kann fahren nicht mehr
doch es eilt so sehr
muss gehen an ein fest
doch es sieht nur noch den rest

s päckli isch cho
du gisch mer no es brot vo do?
machschs päckli uf
was staht überhaupt druf?
will jetzt ässä s brot
bi scho fascht tot

im haus
der maus
find ich eine laus
die maus will sie vertreiben
doch es bleiben
da die laus
und ein kaputtes haus

meine freundin Conny
die hat ein pony
sie reitet mit ihm aus
bis zu mir nach haus
dort kriegt es wasser
dass er
wieder mag galoppieren
anstatt nur spazieren

gedichte schreib ich gern
über dich und nah und fern
doch jetzt halt ich mal inne
sonst denkst du noch ich spinne

nicht
mein gesicht
ich will es behalten
du kannst es verwalten
aber ich verkaufs dir nicht
bin sonst schon ein armer wicht

ich hocke daheim
bin ein armes schwein
niemand will mich sehen
und ich mag nicht gehen
aus dem haus
so jetzt ist es raus

Emilie
und ihre familie
wollen feiern
und das mit eiern
denn es ist das osterfest
und jeder hat gekriegt ein nest
und sie „tütschen"
und „plütschen"
die eier
dass der frau Meier
grad „wird schlecht"
echt

die taube
hockt unter der laube
wartet auf andere tauben
und sie tun sich erlauben
zu hocken nur da

die kuh Lisa
will nach Pisa
nimmt das „tram"
und fährt alsdann
auf die grenze zu
dort macht sie muh
und muss zuerst fressen
eine handvoll gras
dort nimmt sie den bus
um nicht zu gehen zu fuss

den alten wicht
den kenn ich nicht
kenn nur die jungen wichte
über welche ich dichte
ab und zu
und ich bin ohne ruh
wo sind sie geblieben?
denn sie haben mir geschrieben
dass sie kommen wollen
auf leisen sohlen

das schwein
ist allein
kein andres schwein ist zu sehen
es kann gehen
wohin es will
wo ist denn noch ein schwein?
das kanns doch nicht sein?
da hört es dass die anderen beim „metzger" sind
jetzt läuft es aber geschwind

Maximilian
will baldrian
um seine triebe zu kühlen
in der schwülen
sommernacht

ich sollte die viecher alleine hüten
und du die eier ausbrüten
denn die hennen streiken
und sie gehen biken
weiss nicht wie lange noch
bald sind sie sicher zurück doch doch

das schweinchen Pic
mit seinem tic
will keinen abfall mehr fressen
will nur noch essen
am tisch wie wir
doch glaube mir
manieren hat das tier
wie ein schwein
doch wie soll es anders sein?

ich habe einen sohn
der modelliert nur ton
macht sachen schöne
und ich gewöhne
mich langsam daran
dass er dann und wann
mal aufhört zu tonen
dann tu ich ihn belohnen
weil er mal kann ohne sein
und das ist wie sonnenschein

will ganz vergessen
dass ich mal hab besessen
ein pferd
doch das war nichts wert
wollte auf ihm reiten
doch es wollte mich nur begleiten
und stehen still
wann ich es nicht will

ich suche
in einem buche
nach zaubersprüchen
die ich dann kann in den küchen
ausprobieren
ob sie funktionieren

ich liebe die tiere
doch ich liebs nicht
wenn ich friere
drum mach ich dicht
bei meinem haus
und gehe nicht mehr raus

der cowboy Bill
weiss was er will
will in die stadt
dort wo es hat
mädchen so süsse
und er träumt davon er küsse
eine von ihnen
eine von den flotten „bienen"

„Trine"
und Sabine
die gehen „posten"
sie laufen nach osten
dort sind die läden die besten
und sie testen
kleider „en masse"
so dass
der verkäufer wird nervös
denn Trine
und Sabine
sind nicht generös
haben in der tasche kein geld
so kann man nicht kaufen die welt

der cowboy Pit
der nimmt mich mit
in die prärie
dort war ich noch nie
wir sehen wilde tiere
so dass ich grad friere
und eine wüstenmaus
ich kriege den garaus

der herr Marquis
will gern nach Paris
angucken die stadt
wo es hat
mädchen so süsse
und er sendet küsse
ihnen zu
und im nu
hat er eine flotte „biene"
und die heisst Trine

der Billy und der Willy
die essen gerne chili
der ist so scharf
da bedarf
es nur wenig
doch sie essen ihn mit honig
stopfen grosse mengen rein
denn sie denken ganz allein
dass sie werden scharf
für die „puppen" im dorf

was
frisst gern gras?
die kühe und die schafe
auf dass ich gut schlafe
denn wenn es wird dunkel
drückt mich mein furunkel

an dem solls nicht liegen
ich will dich nicht betrügen
will bei dir sein
und ganz allein
ohne die nachbarn die flotten
die schick ich zu den Hottentotten

der löwe Otto
lebt nach dem motto
nichts tun
ausser ruhn

schweinchen Pic
das mit dem tic
hat eine schwester
und die heisst Esther
sie ist ein luder
wie ihr bruder

der Peter
da steht er
mit abgesägten hosenbeinen
man könnte meinen
wegen einer frau
doch nichts dergleichen
das weiss ich genau
nein wegen einem mann
na gut also dann…

im Bündnerland
da schneit es „kant"
hol meinen schlitten raus
und ich saus
den hang herunter
bis ich nicht mehr bin fit und munter

gut ist Peter dazugekommen
ich bin nämlich noch ganz benommen
von dem streit
das war ein fight
s ging um die kühe
denn ich hab mühe
sie zu hüten allein
das ist zu gemein

der herr von der amtsstelle
der steht auf der schwelle
hat nichts zu tun
kann sich ausruhn
doch möchte er machen
ein paar sachen
will fürs geld etwas tun
doch was macht er nun?

ja sohn
das ist dein lohn
fürs helfen im garten
und fürs auf mich warten
das telefon ging etwas lang
dir wurde schon echt angst und bang
hast gemeint ich wäre fort
an einem anderen ort

wir treffen uns im garten
du musst nicht mehr lang drauf warten
für ein barbecue
du sagst einfach juhu
wir essen fleisch vom rind
das jedes kind
auch essen darf
wenn es nicht ist zu scharf

die alte kommode
ist schon aus der mode
will zum schreinermeister
dass er sie mit kleister
ein wenig aufmotzt
potz potz
jetzt geht sie ganz kokett
an ein bankett

der polizei
ists einerlei
was ich mache
denn das ist meine sache
solang ich nicht mach krumme dinger
zeigen sie nicht mit dem finger
auf meine person
das weiss ich schon

schweinchen Pic
mit seinem tic
möchte gern spazieren gehn
und dabei sehn
Rom
na komm schon

in schrift und ton
schreib ich auch schon
man findet mich im lexikon
unter meinem namen
den die damen
eingegeben haben
und das nicht nur bei den Schwaben
zu schön wäre das
doch es ist wie ein fass ohne boden
das kann ich dir geloben

cowboy Bill
der möcht vom grill
eine wurst
dann hat er durst
geht sich holen was zu trinken
da kommen die finken
und fressen die wurst
Bill ist das ganz und gar nicht „wurscht"

eine meise
fliegt ganz leise
an mein fenster ran
sie flüstert dann
komm heraus du siebenschläfer
denn es wartet auf dich der schäfer

wegen einer andern frau
doch ich weiss es ganz genau
hast du mich verlassen
hast du nicht mehr alle tassen
im schrank?
doch
Gott sei dank

eine katze ist auf der lauer
sie hockt auf einer mauer
und wartet auf den mäuserich
der dann schon bald verblich

der Theodor
der steht im fussballtor
das weiss schon jedes kind
und der wind
bläst um die ecken
so dass alle erschrecken
die kinder
und sogar ein blinder

ich habe geld nur noch für ein paar tage
da stell ich mir die frage
was soll ich nur machen
wenn ich keine sachen
mehr kann kaufen
und auch nichts mehr zum saufen?

der löwe Theo
der möchte das GEO
abonnieren
und dabei studieren
was es noch gibt ausser seiner sorte
und er liest die worte
und er weiss jetzt s gibt auch noch möwen
ausser löwen

die gazelle
Belle
sucht eine novelle
um sie zu lesen
was war gewesen
sie ist gescheit
das weiss man weit und breit

diese torte
ess ich ohne worte
ganz allein
ich gib dir kein
einziges stück
zum glück

die torte
spricht
mir fehlen die worte
das gibts doch nicht
dass wir gegessen werden
so müssen wir ja sterben

die biene Maja
geht in die haja
sie hat kalt
sie ist schon alt
und hat gicht
der arme wicht

der elefant
der Bimbo
spielt gerne bingo
verdient viel dabei
so kann er sich leisten allerlei

die kinder reiben
an den scheiben
ihre nasen platt
sie haben es „glatt"
draussen spielt ein clown
und der ist braun

das meer
gefällt mir sehr
ich möcht sehn die korallen
die vor allem
in ufernähe sind
drum schwimm ich geschwind
darauf zu
juhu
da kommt ein hai
und beisst mich entzwei

hahn Silberzahn
hat eine hose an
will machen eine show
da braucht es viel know-how
und lädt seine hühner ein
das gibt einen schönen verein

die alte ente Käthe
die bäte
gern um einen wurm
doch sie bleibt stumm
hat zuviel bammel
und das gerammel
ist ihr zuviel
sie denkt sie werde ausgelacht
doch das würde nicht gemacht

die möwe
und der löwe
wollen sich begleiten
in die prärie
(das war die möwe noch nie)
sie wollen reiten
auf einem pferd
ist es das wert?

Bill und John
schlafen schon
da hört Bill einen ton
den er nicht kennt
und darauf rennt
er aus
dem haus
und lässt John allein
daheim

das pferd möcht gern springen
während es tut singen
über den zaun
da trifft es einen baum
der fragt was machst du wenn du nicht tust reiten?
dann tu ich streiten
mit dem pony
das gehört der Conny

bin ganz wild am kochen
und es hilft mir kein knochen
steh in der küche
und es hat viele gerüche
doch wenns ums essen geht
alles bereit steht
kommen
alle kinder und der mann
der auch nie helfen kann

der mond der staunt
ist gut gelaunt
schaut auf die erde nieder
und sieht wieder
hase und fuchs
und auch den luchs
zusammen gehn sie auf die pirsch
und erlegen einen hirsch

der Bill
macht was er will
tut karten lesen
und nimmt den besen
um auf ihm zu reiten
und über land zu gleiten
und schaun von oben herab
auf grossvaters grab

ein ausgedienter kasten
der tut fasten
weil er fällt aus allen fugen
darum muss er „lugen"
dass er nicht mehr so viel isst
doch er vergisst
sich
sonst wird er noch ganz ausrangiert
dann wären sie schon zu viert

liebe leut von nah und fern
ich habe euch ja alle gern
doch macht es mir mühe
dass ihr mich nicht lässt in ruhe
denn ich möchte schreiben
und dabei bleiben
für mich allein

der Cosimo
läuft irgendwo
herum
das ist dumm
er begegnet einer bande
(der schlimmsten im ganzen lande)
und muss fürchten um sein leben
das ging echt fast daneben
jetzt läuft der Cosimo
nicht mehr einfach herum nur irgendwo

liebe tante
ich hab verwandte
in Luzern
da gehe ich gern
hin um zu schauen
wie sie bauen
und um an den see zu gehen
und dabei zu sehen
die vielen entlein klein
schade ist nicht eines mein

am strande
treibt sich eine bande
herum die wollen stehlen
drum tut mir fehlen
mein autoschlüssel
wenn ich die find hau ich ihnen eins auf den „rüssel"

herr Meier
möchte frische eier
er geht zum hühnerstall
wo es auf jeden fall
gibt frische eier
für den herr Meier

ich esse gern spinat
dann mach ich den spagat
dann geht er von alleine
und es spreizen sich meine beine
ich glaub ich wär nur 20 jahr
doch das ist gar nicht wahr

die Minnie
dreht nen krimi
mit vielen toten
denn sie muss erzielen gute quoten
sonst wird ihr krimi abgesetzt
und Minnie wäre ganz entsetzt

der bauer
hockt auf der lauer
auf den fuchs wartet er
der ihm leider sehr
viele hühner hat gerissen
der bauer fühlt sich beschissen
will den fuchs erlegen
mit einem degen

Max und Moritz
kennt ein jeder
doch es ist kein witz
sie können nicht singen
und auch nicht schwimmen
das brüderpaar
und das ist wahr

es eilen
derweilen
die geilen
weiber auf den „zug"
sie haben genug
von dem rummel um sie
das gabs noch nie

ein luchs
und ein fuchs
haben zu zweit
streit
wer besser kann jagen
und dabei baden
sie in der sauna
und träumen von der fauna

auf der fensterbank ein vogel sitzt
der lacht ganz verschmitzt
ich bin am brüten
kannst du mir hüten
meine eier die kleinen?
ich nehm eine schachtel
und leg die eier der wachtel
hinein
als wären sie mein

Moni
sagt zu Vroni
wollen wir mal gehen aus
und nicht hocken allein zu haus?
sie gehen tanzen
und dabei schwanzen
die männer um sie
das lieben sie nie
deshalb kehren sie mit viel glück
allein wieder nach hause zurück

ich muss ausmisten
und trage mit gerümpel volle kisten
in den keller runter
da hockt ganz munter
eine maus und fragt ganz keck
ist das auch dein versteck?
ich wohne hier
teilen wir?

es picken
die schicken
hühner vom hof
die körner vom boden auf
die dort zuhauf
liegen
und sie warten auf hahn
Silberzahn
drum haben sie sich gemacht schick
die haben doch alle einen tick

der cowboy Phil
der rennt zu Bill
um ihm zu sagen
was sich hat ertragen
hinter dem saloon
dort warten sie nun
auf den sheriff
doch der die flucht ergriff

jetzt haben wir den salat
du machst den spagat
Josy isst spinat
und die kinder üben klettern
da kann ich nur noch wettern
hört bitte alle auf
oder ich geh bald drauf

Minnie
trägt nen mini
und die männer gucken
und sie verschlucken
den geifer
den sie haben bei diesem eifer

der cowboy Bill
rät Phil
einen colt zu tragen
denn es schlagen
sich banden herum
und ohne colt ist das sehr dumm

der löwe Theo
fährt gerne „velo"
alle tiere bewundern ihn
wenn er fährt seine runden hin
und zurück
das ist ein langes stück

ein mann aus Rom
der hat einen ballon
will ihn steigen lassen
da stürzen sich die blassen
raben auf ihn
und zerhacken den ballon in stücke
und schleppen ihn auf die brücke
jetzt fehlt dem mann aus Rom
der ballon

der Cosimo
geht irgendwo
baden
da kommen die raben
wollen ihn vertreiben
doch er will noch bleiben

der narr lacht
an der „fasnacht"
alle tun sich verkleiden
und bleiben
unbekannt
und der narr ist so galant
den kenn ich von der Waterkant

der luchs
sucht den fuchs
könntest du mich begleiten
zum reiten?
dort vorne steht die stute
du kannst nehmen die rute
dass sie schneller galoppiert
sei dann nur nicht irritiert

der polizei
ists nicht einerlei
wenn du fährst zu schnell
dann liefert sie ein duell
mit dir
und glaube mir
du bist am kürzeren hebel
auch wenn du fährst im nebel

Bart und Lisa
fahren nach Pisa
um zu sehen den schiefen turm
statt dessen sehen sie nen wurm
der um sein leben ringt
Lisa hilft ihm
und bringt ihn
zur feuchten erde
dass er sich vermehren werde

ein wiesel
kauft
diesel
für sein mofa
das steht neben dem sofa
und wenn es will
lädt es ein Bill
und sie fahren dann zu zweit
ohne streit
über land
bis zur Waterkant

der hahn
der Silberzahn
ist ganz kokett
ist mit seinen hühnern gar nicht nett
treibt sie hin und treibt sie her
das ist bei hühnern gar nicht schwer
doch die hühner wollen
einen anderen hahn nicht so einen tollen

das mäuschen
macht ein päuschen
muss rennen vor der katze davon
doch die hat es schon
gepackt am schwanz
jetzt gibt es einen tanz
wer wird wohl sein der gewinner?
nein nicht s mäuschen
denn es hat genug für immer
und macht nie mehr ein päuschen

ich muss mich gewöhnen
an all die gesichter
die frommen
die mir entgegenkommen

die maus und der mäuserich
der verblich
waren schon viele jahre
(bis sie nicht mehr hatten haare)
ein pärchen
s ist wie im märchen

herr Heller
ist ein ganz ein schneller
kann gut schiessen
und darum verdriessen
die nachbarn alle
denn er hat immer seinen colt zur hand
und zielt an jede wand

ein luchs
trifft nen fuchs
da meint der luchs
wo hast du deine frau die kleine?
denn ich suche mir auch eine
sagt der fuchs
meine frau gehört mir
das sag ich dir
such dir eine unter deiner art
wenns auch im moment klingt hart

der löwe
und die möwe
wollen zusammen gehen
aus versehen
an die „fasnacht"
der löwe lacht
und die möwe macht
ein unglückliches gesicht
und bricht
die freundschaft mit dem löwen

Regina
und Pina
wollen hauen auf den putz
doch sie haben keinen „stutz"
sie müssen noch warten
und verkaufen dafür karten
bis sie haben genug geld
und jetzt wollen sie kaufen die ganze welt

Willy und Billy
die reiten gern auf Milly
dem pferd
doch als es hört
es sei zu langsam
wird es ganz einsam
kapselt sich ab von den anderen pferden
und bleibt nicht mehr bei den herden

der Heiner
tut meiner
seele gut
denn er tut
mich verwöhnen
daran könnt ich mich gewöhnen

servus machs gut
und er tut
die türe ins schloss
dabei schoss
es mir durch den kopf
er verlässt mich ich bin ein armer tropf

der Reiner
und der Heiner
stecken in einer krise
und es herrscht eine steife bise

die Edeltraud
das ist die braut
vom cowboy Joe
dem brennt
lichterloh
die holzbaracke
das war eine attacke
der indianer der roten
jetzt hört Joe auf
zu „schloten"

der Rainer
das ist mir einer
will holen kein kraut
das er selber hat angebaut
will lieber welches kaufen
und den rest vom geld versaufen

der Bill und der Joe
die treffen sich irgendwo
um einen zu trinken
und sie winken
den hübschen mädchen zu
die vorbeigehen im nu

der hase frisst gern hummer
das macht der häsin kummer
denn immer fährt er ans meer
und bringt hummer her
die häsin möcht auch mal mit und sehen das meer
doch dafür hat der hase keinen platz mehr

der herr mit hut
dem tut der hut gut
kann so verstecken seine visage
denn sie ist eine blamage

ein kaffee
und ein tee
treffen sich juhee
sagt der kaffee
zum tee
wollen wir uns dünn mache?
das ist eine gute sache
so werden sie vielleicht nicht getrunken
doch das alles ist erlogen und erstunken

Rainer
und Heiner
müssen sich entscheiden
ob die beiden
wollen gehen aus
oder lieber hocken zu haus

der kaffeerahm
der ist recht zahm
lässt sich leeren in den kaffee
und es tut ihm nicht mal weh

Gregor
hat was vor
will gehen nach Amsterdam
und dort stehen stramm

Bettina und Lina
denen gehts prima
wollen gehen in die stadt
wo es flotte männer hat

der herr aus Fulda
liebt seine Hulda
er liebt sie sehr
fast noch mehr
als sich selbst

ich komm unter der dusche hervor
da gefriert mir das blut in den adern
ich hab ja humor
doch es „schwadern"
hunderte käfer herum
weiss auch nicht warum

ein totgeschossener hase
bringt mich fast zur ekstase
er will noch weiter leben
da muss ich ihm den rest geben

ein geiler hahn
sieht sich bilder an
von hennen
die herumrennen
das macht den hahn
ganz zahm
er möchte zu den hennen
um auch mit ihnen herumzurennen

der stuhl hat vier beine
da verliert er das eine
jetzt steht er nur noch auf dreien
der stuhl der könnte schreien

ein quartett karten
das tut warten
auf die post
da kommt daher ein frost
und friert den briefkasten zu
da hüpfen die karten im nu
aus dem kasten
und sie fasten
bis der winter ist vorbei
und sie kommen eins zwei drei
wieder in den kasten

ein hund
der ist gesund
wenn er hat knochen
doch die sind so „trochen"
dazu braucht er wasser
so dass er
pipi machen kann

ein wanderer aus Rom
der steht unter strom
will essen seinen proviant
da kommt ein hund angerannt
verdammt
und frisst ihm alles weg

der herr aus Pisa
findet den turm „miesa"
will ihn stellen gerade
doch da gehen die Italiener auf die barrikade
wollen ihren turm wie er ist
denn sowas wächst auf keinem anderen mist

ein Münchner und ein Bayer
die wollen machen eine feier
ich sag es dir
natürlich mit bier
laden viele freunde ein
und jeder wird besoffen sein

Fritz und Franz
gehen auf den tanz
suchen sich ein mädchen
aus dem nahen städtchen
tanzen mit ihr tango
und sie sagt „gang go"
holen ein bier
das trink ich mit dir

Bill und Joe
wollen sein ein torero
sie nehmen ihren hut
und ein wildes pferd
dochs runterfallen tut nicht gut
und sie sagen „merde"

ein rhinozeros
das trifft ein ross
sie streiten sich sehr
und immer mehr
und sie gleiten ins wasser
das pferd wird immer blasser
das rhinozeros gewinnt
doch das pferd das spinnt
nachher galoppieren sie am ufer
und das rhinozeros hat keinen „schnuuf meh"
sie entscheiden
dass sie beiden
gut sind in ihrem element
und so haben sie sich in frieden getrennt

ich bin alt
das ist halt
so
es vergehen die jahre
und ich krieg graue haare
und runzeln im gesicht
doch das stört mich nicht

„Lamictal"
hilft allemal
die stimmung zu heben
damit es dir eben
besser gehen sollte
ich wollte
das wäre wahr

eine schwarte
und eine karte
machen sich auf den weg
zu sehen den steg
die schwarte wird vom hund gefressen
und die karte hat nichts zu essen

der Krug zum Grünen Kranze
lädt ein zum tanze
ich will hingehen
dabei wehen
mir viele gerüche
aus der küche
in die nase
drum nehme ich ne gaze
und halt sie vor die nase

der elefant Babar
steht vor dem hangar
möcht gerne fliegen
in vollen zügen
doch der sitz ist zu klein
Babar passt nicht rein

der Willi
und der Billy
die mögen gerne Hillbilly
und tanzen dazu
mit ner kuh

die kinder wollen nach Rust
doch der fahrer hat nen frust
und fährt nicht hin
und die kinder schmollen
im tollen
wagen drin

ein ehepaar
das ist ganz klar
unternimmt vieles gemeinsam
doch die frau die ist einsam
denn der mann vergnügt sich mit mädchen
dies zuhauf gibt im städtchen

der hund mit seinen jungen
das sind die dummen
denn der hund will eine wurst
doch kriegt er davon durst
und geht trinken wasser
und die jungen sind die hasser

ich bin ein tor
komme unter der dusche hervor
habe kein „tüächli"
aber ein" büächli"

der pfarrherr sitzt
ganz verschwitzt
denn wo sind seine schäfchen nur geblieben?
die wurden alle vertrieben

ein tot geschossener hase
brachte mich in rage
rannte hin und rannte her
bis er rannte zur etage
doch dann rannte er nicht mehr

der Jonny
und der Toni
sind wackere kerle
und jeder hat eine perle
gefunden in der stadt
dort wo es hübsche mädchen hat

der elefant
will sein galant
öffnet das gatter der maus
dass sie kann raus

ich will nicht mehr als ein pflaster
dass der
schmerz wird gestillt
denn ich bin nicht gewillt
zu laufen so rum
denn das ist dumm

es kam ein blitz aus heiterem himmel
an der kirche hängt ne bimmel
bimmelt jetzt hin und bimmelt jetzt her
bis sie bimmelt gar nicht mehr

ein herr mit melone
der kann nicht sein ohne
auch wenn scheint die sonne
trägt er sie mit wonne

ich frage dich
liebst du mich?
lass mich nicht im stich
denn ich kann nicht sein ohne dich

der herr Graf
sitzt ganz brav
in seinem garten
er tut warten
bis aufgeht die sonne
das sieht er sich an mit wonne

ich schreibe
dass ich krieg ne bleibe
und du hast ne scheibe

der Jonny
und der Toni
wollen gehen fischen
um dann aufzutischen
fisch
ganz frisch

eine laterne
hat sich gerne
liebt es zu brennen
und dabei kennen
sie mücken viele
die um sie machen spiele

Jonny und Toni
wollen gern zur Moni
und mit ihr gehen spazieren
und sie verlieren
beide ihr herz
jetzt sind sie voller schmerz

der Willi
und der Billy
wollen hauen auf den putz
und niemand nimmt sie in schutz
wollen machen einen drauf
dafür nehmen sie alles in kauf

ein pferd und ein pony
die gehören Conny
wollen machen eine fete
und laden ein die Babette

wir vier
trinken gern ein bier
oder zwei
das ist einerlei

ich bin ein armer hase
mir tropft die nase
und den husten habe ich
komm nicht zu nah und verziehe dich

ich gehe gerne tanzen
und dabei „schwanzen"
um die männer rum
bin ich doch dumm

ich fahre gern mit meinem rad
den berg hinab
und lass mir vom wind
dem himmlischen kind
die haare zerzausen
ich hab solche flausen

Peter friert
und er verliert
seine mütze
in einer pfütze
jetzt ist sie ganz nass
und der Peter blass

geh und hole mir ein brot
denn ich bin in not
hab nichts zu beissen
dabei möcht ich schweissen
zusammen einen tisch
darauf gibt es brot und fisch

die vöglein singen
es soll gelingen
ein schöner sommer
„wommär"
kann baden gehen
und die wasservögel sehen

eine liebe habe ich
doch diese unterdrücke ich
weils nicht darf sein
das ist gemein

ich „wott"
Herrgott
nach Amsterdam
wo man kann
die tulpen sehn
ach das wär schön

ein regenschirm
mit gehirn
möcht sich ausbreiten
und die weiten
des himmels sehn
bis die nacht lässt alles vergehn

wer schreibt solchen käse?
dabei sässe
ich daheim
bei brot und wein

der polizei
ists einerlei
ob wir machen lärm
denn sie haben ihn gern

übergewicht
das will er nicht
geht darum rennen
um zu verbrennen
kalorien viele
jetzt hat er das „gefühle"
er wäre wieder rank
und schlank

die polizei
isst brei
den die Hulda hat gekocht
und sie haben ihn gemocht

ich will die frau erkennen
darum tust du mir benennen
wie sie läuft
und ob sie säuft

wenn einem die muse küsst
man alles vergisst
vergisst zu essen
weil ganz besessen
man am arbeiten ist

ein fahrrad möchte ich
mit dem könnt ich dich
rumfahren
wie zur zeit der zaren

ich trage keinen hut
doch das braucht mut
denn alle tragen einen
nur ich will keinen

der herr aus Fulda
der mit der Hulda
der wickelt sie ein
jetzt bist du mein

will fahren nach haus
da kommt eine maus
und fragt ganz höflich
ist es dir möglich
mich mitzunehmen?
denn ich will nach Jemen

das geht ganz gut
ohne hut
bemerkt der herr mit der melone
und geht seither ohne

ein mädchen aus Böhmen
fängt an zu stöhnen
hat viel zu tun
kann gar nicht ruhn

er weiss nicht was sich gehört
das ist was sie stört
darum „gibt sie ihm den schuh"
und er heult dazu

über die jahre
gibts weniger haare
und speck am bauch
das gibt es auch

der verwalter
das ist ihr „alter"
will bringen ruhe ins haus
da lacht doch jede maus

ich möchte gerne reiten
in den weiten
der prärie
doch dazu komm ich nie
kann nicht reisen soweit um nur zu reiten
das gibt nur pech pannen und pleiten

ich bete
dass ich trete
nicht in den hundehaufen
wenn ich geh laufen

was soll ich nur machen?
ich möcht gern die sachen
verkaufen
doch dabei laufen
mir die davon die käufer
will denn niemand einen läufer?

ich versuche
wies steht im buche
nach einem rezept zu kochen
das noch schmeckt nach wochen

ein herr aus Bern
der hat es gern
wenn man mit ihm geht essen
da wird er ganz besessen
und futtert drauflos
ist das nicht schamlos?

mein mann
der kann
umsägen einen baum
ich kenne ihn kaum
mehr
denn das ist sehr
gefährlich zu machen
doch er liebt solche sachen

ich möchte gerne
aus der ferne
euch alle grüssen
ihr süssen
mädchen
ich warte auf das „tägchen"
wo ich wieder kann bei euch sein
und wir feiern dann mit wein

nach dem sterben
kommt das erben
und wenn sich die erben streiten
kann das mir im himmel frust bereiten

eine frau
die sieht blau
schaut immer gen himmel
und hört dabei die bimmel
der nahen kirchenuhr
doch das stört sie nur

ein mann aus Hannover
möchte sich stricken einen pullover
er kauft wolle
ganz ne tolle
und fängt an
doch er kommt nur bis zum arm
er merkt das ist nichts für mich
ich lasse stricken dich

frau Holle
sucht sich wolle
will eine decke stricken
dabei will sie blicken
auf die erde
ob es schon winter werde

ein liebestoller
im faschingskoller
rennt herum
wen sucht er nun?
das süsse mädchen
aus dem städtchen
das ihm hat serviert ein bier
da war er gleich besessen von ihr

der herr mit der melone
der geht nicht oben ohne
will keinen regentropfen
der könnte klopfen
auf seinen kopf
der arme tropf

sie trinkt gerne bier
und das schon mit vier
wie kommt das noch raus
mit dieser kleinen maus?

Rainer
und Heiner
die wollen einer
frau machen den hof
doch sie stellens an ganz doof
und die frau sagt tut mir leid
ich bin schon zu zweit

ich entscheide
dass ich treibe
auf einem floss
das ist famos
auf dem see dahin
bis ich komme hin
ans „bord" das steile
da verscheuche ich geile
moorhühner
die in den „düner"
wollen eier legen
da komme ich gerade gelegen

faschingszeit
ich mache mich bereit
mit pauken und trompeten
ins faschingstreiben zu treten

der herr aus Fulda
der möcht mit seiner Hulda
gehn spazieren
doch sie verlieren
sich aus den augen
das ist ja kaum zu glauben

im lotto gewinne ich
und im bett da liege ich
bin stark am husten
kann kaum mal verpusten
doch mein siegreicher lottoschein
freut mich ungemein

die tante Bete
macht ne fete
unten im keller
da wird es schneller
fröhlich und heiss
und es läuft der schweiss

hü und hott
und flott
im galopp
und nicht im trott
dahin wir reiten
und uns begleiten
viele hunde
zu jeder stunde

der Rainer
und der Heiner
das sind mir schon zwei
wollen kaufen ein ei
oder sogar drei
doch da hatten die zwei
kein „münz" dabei

der herr aus Tirol
der findet es frivol
wie beim faschingstreiben
die mädchen sich bekleiden

wir vier
wollen bier
und noch mal eines
da wird unser kleines
bäuchlein schon voll
und wir sind toll
drauf
das ist der verlauf
dieser geschichte
und unsere wichte
müssen kotzen
sie können dem nicht trotzen

ich bin auf der lauer
hinter der mauer
ich warte auf die maus
die hat ihr haus
grad da vorn
das ist enorm
ich will fangen sie
doch sie lässt mich nie
ran an sich
da höre ich
auf

der herr aus Tirol
der fühlt sich wohl
im garten zu sitzen
und dabei zu schwitzen
und hören zu dem wind
wie ein kleines kind

ein bauer
ein ganz schlauer
will kohle machen
verkauft land und hof
das ist doch doof
jetzt hat er geld
aber kein dach mehr überm kopf
der arme tropf
und mit dem bisschen geld
kann er noch nicht regieren die welt

des Meiers Michel
kauft sich ne sichel
will mähen das gras
dafür gibts dann ein mass

die letzten strahlen der sonne
geniesse ich mit wonne
bevor das dunkel sich lege
über häuser und wege

der herr aus Sevilla
der kauft eine villa
an der Côte d'Azur
er zahlt viel dafür
dafür gibt er
ein anderes haus her

ich geh meinen weg so vor mich hin
da kommt ein ganz kleines ding
will mich halten
da tu ich entfalten
mein herz
und s ist kein scherz
ich nehme das ding mit mir
und seither lebt es hier

der herr mit der melone
der geht nicht oben ohne
will sich schützen vor der sonne
die er geniesst mit voller wonne

ich hatt einen traum
da war ich ein baum
und zuflucht für vögel
und nicht für pöbel

wir vier
trinken ein bier
und nochmals eins
das stört noch keins
der nachbarn der lieben
doch bei drei wirds übertrieben
laut
und man schaut
aus dem fenster
was sind das für gangster?

ich bin zu faul
drum reit ich auf nem gaul
durch die gegend
es ist sehr bewegend
was ich alles seh
herrje mineh

ein bauer
ein schlauer
wollte gehen nach haus
da kam eine maus
der Bauer ist so erschrocken
dass er sie wollte fortlocken
doch die maus die lachte nur
und blieb stehen ganz stur

die ameisen
die weisen
uns den platz
sind sie nicht ein schatz?

ein schlauer bauer
wollte genauer
wissen
auf was für kissen
er schläft und er reisst sie auf
und hat darauf
eine riesensauerei
doch das ist ihm einerlei
er kann jetzt die daunen
bestaunen

ich habe kein fahrrad
das ist sehr schad
ich möchte gern „trampen"
unter den „lampen"
am ufer des sees
und schauen in den cafés
die schönen mädchen
aus dem städtchen

ich möchte reiten
doch wir streiten
wer darf sitzen auf das pferd?
denn das ist sehr begehrt

gib mir einen franken
denn ich muss „go" tanken
habe drum kein „moos" meh
und das tut wahnsinnig weh
drum bitt ich dich hilf mir
dass ich kann fahren zu dir

ich will schwimmen
und gewinnen
den pokal
dens gibt allemal
und ich durchpflüge das wasser
so schnell ich nur kann
dass der
speaker mich ausrufen kann

der herr aus Tirol
der fühlt sich sehr wohl
in unserer stadt
denn es hat
läden ganz viele
und er hat zum ziele
alle zu besuchen
und zum schluss essen im café kuchen

rohe eier
kauft der Meier
will machen ein omelett
für ein ganzes bankett

ich sitze an meinem klavier
und trink dazun bier
da kommt ne meise
fragt höflich und leise
darf ich trällern eine weise
so schön und lieblich
grad für dich?

ich tanze tango
da kommt der „gang go"
und will mich holen
und wir tanzen auf leisen sohlen
zu einem walzer
darauf ist stolz er

ich kann sie nicht mehr hören
diese „gören"
lärmen nur im haus herum
meinen die denn ich sei dumm?
möcht machen am mittag ein schläfchen gern
doch ich höre den lärm von fern
muss also bleiben wach
ach

in der Sahara
da war da
eine schlange
ganz ne lange
ich muss mich vor ihr hüten
denn sie ist am brüten
viele schlangen klein
das ist doch fein

wir gehen reiten
doch wir streiten
um den gaul
ich sag zu dir
halts maul
du antwortest mir
dann nimm den gaul
ich bin doch zu faul

ich bin ein wicht
und „schaffä" schicht
im sommer ist das schön
denn ich hab noch viel zu tun
in meinem garten
doch der muss warten
und das kotzt mich an
denn dann
hab ich zu wenig vom tag
was ich nicht mag

der herr mit der zitrone
der geht nicht ohne
sie aus dem haus
da kommt ne maus
und fragt den herr
was soll das bitte sehr?

da gibt es ein problem
ich sage danke schön
ich will nicht helfen es zu lösen
will lieber dösen
am strand
im warmen sand
das kannst du fast nicht glauben
doch frag mal die tauben
oben auf dem dach?
doch die sagen auch nur ach

der herr mit der melone
der isst ne bohne
jetzt muss er immer „föhnen"
und dazu gähnen

die frau mit der karrette
die läuft um die wette
mit einem pferd
das fühlt sich sehr geehrt

ich fahre fort
an einen fremden ort
denn hier bin ich niemand
und dort bin ich jemand

ich wette auf pferde
die auf dieser erde
noch sind wild
das gibt ein schönes bild

es ruft der Paul
stopf ihm das maul!
ich kanns nicht mehr hören
sein geplapper
über seinen vater

unser bauer
der meint er istn schlauer
stellt den wecker auf die „drüü"
damit der hahn kräht so früh
und alle nachbarn tut wecken
ja der bauer hat schon etwas dreck am stecken

ich brauche was zu trinken
aber die finken
halten mich davon ab
so werde ich nie satt

herr und frau Meier
besprechen eine feier
wo man kann singen
denns fest soll gelingen

die sonne scheint
auf meine glieder
ich werde müder
und mach ein kleines schläfchen
dabei zähl ich die schäfchen
am himmel oben
hoffentlich bleiben sie droben

du musst ihn versuchen
meinen kuchen
mit zucker und zimt
und bestimmt
hats noch weinbeeren drin
das macht sinn

ich beisse in ein brot
und werde rot
weil ich nicht kann kauen recht
drum wird mir ganz schlecht

ich habe glück
ich brauchn stück
gute
„jute"
um zu flicken das zelt
aber mir fehlt
die geduld
aber das ist nicht deine schuld

da fragt die „Omama"
was machst denn du auch da?
du spielst im sand
und nicht mit land
kannst darum hügel bauen
wenn die sauen
sie nicht machen kaputt
das wär dann schutt

es fliegen
die ziegen
am himmel herum
ist das nicht dumm?
dann fallen sie runter
und sind trotzdem putzmunter

ein marder
hat die order
auf wache zu bleiben
dann könnens die andern
treiben
bunt
dann kommt kein hund

wohin „gait" er?
ich bin heiter
möchte erleben
mal zu schweben
über die reben
auch über den wald
dann machen wir halt
und stellen die besen an ihren platz
du auch mein schatz
und die hexen fragen wir
können ein bisschen schreiben wir?

der herr im büro
der weiss wo
sich befindet sein hund
und es vergeht genau ne stund
da kommt er angewedelt
schau sogar veredelt
er war beim coiffeur für hunde
für genau ne stunde

der herr mit der melone
der wandert jetzt ohne
herum
und ist ganz glücklich darum
denn die melone gab heiss
das war ihr preis

bin am schauen
die matrosen
die schlauen
in ihren weiten hosen
den weissen
und die möwen
die scheissen
die reeling voll
ach ist das toll

die frau
in blau
die holt ne sau
muss darauf achten
beim schlachten
dass das kleid in blau
nicht leidet „au"

ich bleibe dran
an dem mann
der hat was zu verbergen
hol du rasch die schergen

es erlauben
sich
zwei tauben
zu scheissen auf ein dach
ach
da kommt der besitzer gesprungen
und zieht notgedrungen
wieder ab
weil es hat
keinen wert
s ist zwar verkehrt
zu suchen die tauben
die hocken jetzt
sowieso alle in den trauben

der herr mit der melone
der geht nicht ohne
hut aus dem haus
da kommt ne maus
und fragt den herr
ach bitte sehr
was tragen sie auf ihrem kopf
auf ihrem blonden „schopf"?

ich fahre in die ferne
ach so gerne
mit einem Oldsmobil
das ist kein spiel
fahre von a nach b
um „no mee z gsee"

ich bin heiter
und möchte weiter
gehen
und nicht bleiben stehen
am strande von Rio
denn da bin ich „scho"

der vater hahn
der hats getan
hat sich geschlichen
zu einer henne
vor lauter schreck
„macht sie einen dreck"
und ist verblichen

wie der blitz
es ist kein witz
muss ich aufs klo
das ist nun mal so

die kleine maus
geht aus dem haus
will wen besuchen
doch sie muss suchen
wo er wohnt
das ist sie sich nicht gewohnt
sie fragt die eule
und bringt ihr mit ne keule
du bist doch so schlau
komm hilf mir „au"

ich möchte erwachen um vier
und machen ein tier
am liebsten aus ton
denn das kann ich schon

es ist schaurig
ich bin so traurig
weiss nicht was tun
kann nicht mal ruhn

ein mädchen und ein junge
die haben beide eine zunge
sie strecken sie raus
zu einer maus
und die ist ganz verrückt
und so entzückt

wie ein tier
das glaube mir
gehst du jagen
und tust nicht gleich verzagen
wenns nicht klappt

ja ich habe dich ertappt
du hast zehn franken
und spielst mit dem gedanken
zu kaufen dir
einen „harass" bier

ein bauer
sitzt auf der lauer
kanns kaum erwarten
bis die harten
burschen kommen
und die frommen
mädels dazu
die vertreibt der bauer dann alle im nu

ich liege im bette
und mache ne wette
mit meinem mann
der alles kann
ich wette mit ihm
dass die wolken sich nicht verziehn
weil es regnet
und er begegnet
einer frau
die sagt das „au"

da geht er zu den finken
die mit ihm einen trinken
jetzt ist ihm wieder wohl
mit alkohol

es ist wunderschön
bei dir zu stehn
und zuzusehn
beim backen
wie du tust hacken die nüsse
dafür gibt es ein paar küsse

die dort drüben
sollen fressen rüben
denn die meisten
müssen noch „was leisten"
müssen bleiben wach
und spielen dazwischen schach

ein mann
der kann
dann und wann
fluchen
dass sogar die buchen
sich biegen im wind
das geschieht ganz geschwind

der herr mit der ente
der geht in rente
er verbringt seine zeit
zu zweit
auf den Kanaren
denn da waren
sie schon einmal gewesen
sie haben auch bücher darüber gelesen

die dort drüben
essen rüben
kannst mir glauben
ich ess trauben
habe sie gerne
auch wenn sie kommen aus weiter ferne

ein mann mit ner melone
der kauft ne bohne
aber nur eine
denn er mag gar keine

salat
und spinat
sind heuer
teuer

in sekundenschnelle
kommt eine welle
will mich verschlucken
doch ich tu mich ducken

ja er hat
ein blatt
um darauf zu zeichnen
die bahnhofsweichen
da kommt ein „zug"
und er rennt weg im flug

will nicht versaufen
weil wir raufen
und werden zu fischfutter
sonst hol ich meine mutter
und die macht deiner beine
bis ich weine

gut ist Peter dazugekommen
ich bin nämlich noch ganz benommen
von dem streit
das war ein fight!

will eine pistole besitzen
sonst tut sich erhitzen
mein gemüt
das wär nicht „güt"

ich winke dir zu
und du sagst muh
du bist „halt" ein ganz schlauer
bauer

gib her
will noch mehr
pommes
ich bin doch kein frommes
kind vom land
denn die spielen nur im sand

nein muss das sein?
ein hund in meinem garten
und der tut warten
um geführt zu werden gassi
ich frage eine frau na sie
wollen sie nehmen diesen hund?
dann geb ich ihnen 100 pfund

ich seh dich gerne
aus weiter ferne
aber nicht von nah
du weisst ja
wie schreckhaft ich bin
das ist doch ganz nach deinem sinn?

ich will
wie der Bill
einen teller für den grill
mit einer wurst drauf
die esse ich dann auf

den bus von Chur
den nehm ich nur
wenn ich geh fahren schi
dann bist du „au däbii"?

ich will den Bill
beim grill
weil er so gut „brätlen" kann
das weiss doch jedermann
und jede frau
die weiss das „au"

ich tu motzen
und die anderen kotzen
auf dem schiff
doch ich bin vif
und schlucke pillen
aber nicht gegen meinen willen

ene bene muh
macht die kuh
ene bene flotte
macht die motte

es ist so nett
in meinem bett
tu noch ein bisschen schlafen
denn ich muss nicht „go schaffen"
dreh mich nach rechts und links
so jetzt „stinkts"
mir
ich stehe auf
und geh hinaus
auf die veranda
da sitzt schon Jolanda
mit einer tasse tee
was will ich „no mee"?

mir ist schlecht
echt
habe was gekriegt in den magen
wo ich habe vergessen zu fragen
was das soll sein
das ist gemein
denn hier auf dieser insel fern
hat der magen nicht alles gern

ich gehe in den wald
und das schon bald
um zu schiessen ein reh
es tut mir schon ein bisschen weh
doch wir haben nichts mehr zu futtern
daheim bei muttern

die maus geht gaffen
die vielen affen
könnte meinen sie wäre im zoo
doch der ist nirgendwo

ein klo
sagt oh

um halb zwölf
ist der Dölf
schon sternshagelvoll
na toll

in einer stunde
purzeln die pfunde
weil wir gehen ins fitness
so ganz im stress
und das alles für eine tolle figur
das glaube mir nur

ich mache
meine sache
gut
ich habe sogar den mut
leute zu fragen
ob sie mir helfen zu tragen
alle meine bücher
und die tücher

der schnee
juhee
fällt auf mich nieder
ich komm bald wieder
zum fahren mit dem bob
denn ich bin doch kein snob

ich sehe verschwommen
dass sie mir zu nahe kommen
mag keine nähe ertragen
das muss ich ihnen sagen

ich haue ein paar tannen
in die pfannen
warum denn das?
nur so aus spass

einen kebab kauf ich mir
nichts davon geb ich dir
will ihn geniessen
und tu beschliessen
ihn zu essen allein
dann daheim

eine zitrone
geht nicht ohne
schirm spazieren
denn sie hat was mit den nieren

kanns nicht lassen sein
immer wieder kommt mir ein reim
muss rennen heim
um zu holen
papier und kohlen
um alles zu notieren
was mir liegt auf den nieren

kann wieder in der höhle sein
und für mich ganz allein
ohne Billy
und Willy
denn die wollen mit mir toben herum
das ist mir zu dumm

der Heiner
istn feiner
herr mit melone
er geht nicht mehr ohne
sie aus dem haus
da trifft er eine maus
oh graus
doch sie fragt ganz nett
tragen sie die auch im bett?

ich bin gefahren
mit wehenden haaren
auf einer Harley
mit Bob Marley

das wird ja heiter
da kommtn reiter
was will der wohl?
ich denke alkohol

es ist „glatt"
ich bin satt
von einer banane
und ein bisschen sahne

nun ists vorbei
s ist mir einerlei
ich mag nicht mehr
doch bitte sehr
du kannst noch weiter machen
doch ich finds zum lachen

wir gehen in den zoo
ach so ach so
um anzuschauen die tiere die wilden
denn man muss sich ja bilden
um zu reden können mit
denn das ist der hit

da wär
ein bär
mit seinen starken pranken
doch wir müssen trotzdem tanken
den wagen voll
und das wird toll
wir fahren dem bären davon
und er bleibt alone

bin keine henne
nur weil ich renne
über den hof
ach ist das doof

das ist übertrieben
für die sieben
leute am tisch
nun essen alle fisch
statt fleisch
„waisch"

die zitrone
die nicht geht ohne
schirm aus dem haus
da trifft sie ne maus
die zitrone fragt sie
bleibst du „no ächli"?
ich habe eine wohnung gross
der platz ist einfach ganz famos
komm zu mir „go" wohnen
dann koche ich heute grad bohnen

die dort drüben
essen rüben
ich mag keine mehr
denn bitte sehr
hab ich gegessen
schon ein kilo
und jetzt muss ich dauernd aufs klo

ich will ein eis am stiel
mit viel
sahne drauf
das wär der verlauf
meiner geschichte
die ich dichte

ich denke nach
wie ich das mach
zu hüten die kinder
und stopfen ihre münder
da kommt mir eine idee
ich such mir ne fee
die mir helfen kann
so dann und wann

der ofen im garten
der muss noch warten
muss erst kohlen
holen
damit wir können „brätlen" eine wurst
doch das gibt durst
muss holen limonade
die hab ich gerade
noch im haus
so jetzt ist die geschichte aus

weil wir uns noch nicht kennen
müsst ihr nicht rennen
vom haus weg
zum brückensteg
und zu fallen runter
ganz „zwäg" und munter
steht ihr wieder auf
„habt ihr denn einen drauf"?
schon so früh am morgen
macht ihr euch denn keine sorgen?

zu erklären
einem bären
den weg
wos nach hause geht
ist schwirig sehr
und gefährlich noch mehr

eine maus und ein elefant
spazieren über land
da sagt die maus zum elefant
du bist galant
gehst mit mir spazieren
ohne mich zu berühren

holderi und holdrio
wir sind immer heiter und froh
gehn zur kaserne
die man sieht in weiter ferne
soldaten sind da
die liegen in den büschen von fern und nah
wir lassen sie dort liegen
und biegen
mit unserem „döschwo"
nach anderswo
der fahrer sagt nach links
doch dort stinkts
sind in der nähe der latrinen
und dort summen die bienen
und die fliegen auch
ach hör doch auf

der Iwan
sitzt auf dem diwan
kann nicht mehr laufen
aber saufen

ich trinke gerne kaffee
o jeh
ist ungesund
das weiss doch jeder hund
trink lieber den saft von bananen
mit einem kleinen sahnehäubchen
für mein kleines täubchen

ich bin vergnügt
der Fritz betrügt
seine Henriette
die ist doch ganz ne nette
so versuch ich zu landen bei ihr
das sag ich dir
aufs wort
und ich zieh die Henriette an einen geheimen ort
dort geben wir uns das ja-wort

ich renne wie ein „goof"
über den hof
muss fangen den hahn
Silberzahn
weil er macht die hennen an

die hennen
die rennen
um ihr leben
denn es kommt eben
ihnen der fuchs entgegen

der mann mit dem hut
das macht er gut
schützt sich vor der sonne
und kann sie so geniessen mit wonne

der Silberzahn
der tolle hahn
geht auf brautschau
das tu ich „au"
will ein mädchen finden
um es dann unter den linden
zu küssen
das ist kein müssen
das gehört zum guten ton
das weiss ich schon

es gaffen
die affen
aus ihrem gehege
wir sind auf dem wege
nach hause
zu ner „sause"

wir kennen
solche die rennen
können nichts mehr andres tun
sind gegen alles immun

gehst nicht vor
du bist ein tor
über leichen anderer
du bist doch ein wanderer
wanderst hin und her
das gefällt dir sehr

ich kratze mal hier
und kratze mal dort
ich kratze bald an jedem ort
hab eingefangen läuse
die machen nie ne pause
drum muss ich immer kratzen
hab bald rote „tatzen"

bin durch den wind
aber geschwind
bin in einem hoch
das doch
dauert ein paar tage
bin gespannt wie ist nachher die lage

es fallen runter
ein paar groschen
in die goschen

ich hätte noch fragen
doch er will mir nichts sagen
muss hocken auf der wichtigsten frage
bis zu meinem jüngsten tage

ich muss retten
die netten
leute im boot
bevor sie sind tot

knausrig ist er
sehr
kann nicht mal kaufen spinat
muss machen wie immer salat
das geht mir langsam auf den keks
drum tu ich stets
jammern

ein sahnehäubchen
für mein täubchen
verdient hat es das
denn weisst du was?
s hat mir gefunden
nach der suche von stunden
meinen „stumpen"
den lass ich mir nicht lumpen

ich hab einen schatz
der ist ein spatz
hilft mir beim zügeln
und auch beim bügeln
tut mit mir „bachen"
und dabei lachen
tut mich lieben
und nicht betrügen
s ist einfach so
er ist „für mii do"

haste töne
meine söhne
kommen mich in der klinik besuchen
ohne gross zu fluchen
mit einem kuchen
ein geschenk bringen sie mir „au"
das ist bestimmt von ihrer frau

das hoch begleitet mich
viele tage lang
doch dann
kommt auf das tief
und ich hock im mief

mach mir ein kind
geschwind geschwind
will nicht mehr warten
bin draussen im garten
hol mich rein
wenns soll soweit sein

warten
bis die vögel im garten
anfangen zu singen
dann bringen
wir unser baby
s ist ne kleine lady

hast nicht mehr alle tassen im schrank?
dort unten auf der bank
liegt dein schuh
hol ihn im nu
und ziehe ihn an
dann
kannst du gehen laufen
und musst nicht weiter saufen

ich tu warten
im garten
bis du hast die karten
für am abend den fight
ich hoff dass niemand schreit

ich male mit dem pinsel
eine einsame insel
ein bisschen farbe hier
ein bisschen farbe dort
ich glaub das gibt nen schönen ort

ich habe ein klavier
verkaufen könnte ich es dir
doch tu ich nicht machen
solch blöde sachen
denn ich brauche mein klavier
das bitte glaube mir

es bläst der wind
geschwind geschwind
durch alle ritzen
ich komm ins schwitzen
wenn nur das haus nicht auseinanderfällt
doch ich glaube dass es hält

Silberzahn
hat grössenwahn
will kaufen ein haus
für seine hühner und die maus
die immer bei ihnen isst
und von ihrem fressen frisst

die maus macht spass
und sie wird nass
dabei
doch das ist ihr einerlei

die kinder im pool
die fühlen sich wohl
die sonne brennt vom himmel
vom dorf ertönt die bimmel
jetzt haben die kinder den fimmel
noch zu besuchen den zoo
so so

ich gucke mal hier
und gucke mal dort
es guckt ein jeder
an einem anderen ort
doch die maus ist fort

und jede frau
die lernt es „au"
zu lügen
und betrügen

wir sind am schmusen
sogar unter den blusen
ich hoffe dass uns sieht niemand
denn das ist kein anstand

unter den lauben
hat es viele tauben
kacken mir den boden voll
aber das ist gar nicht toll

der fink
der trinkt
aus der schale wasser
auf dass er
genug kriegt
denn er wiegt
soviel wie ein federchen
nicht dass es ihm geht ans leberchen

die elstern gehen rauben
bei den tauben
aus dem nest
noch den rest

du fährst wie ne schnecke
um jede ecke
so braucht es der zeit viel
bis wir sind am ziel
doch ich habe ja „pressant"
drum ist das nicht sehr galant

in der halle
warten alle
auf den star
doch das ist ja klar
dass er kommt zu spät
auf einem gerät
das aussieht wie ein mondmobil
also das ist mir zuviel

ich möchte gern
zu Rainer nach Bern
möchte fahren mit der eisenbahn
um dann
irgendwann
anzukommen in Bern
dann sehn wir fern
Rainer und ich
dann sag ich ihm ich liebe dich

was hast du im topf?
fragt mich der „knopf"
ich heb auf den deckel
da „pisst" mir der „seckel"
ins gemüse hinein
das ist gar nicht fein

ich stehe still
wann ich will
nicht wann du es sagst
denn das magst
du auch nicht
du kleiner wicht

der Campari
und der Ferrari
wolln nicht bleiben zu haus
wolln fahren aus
da sagt der Ferrari
zum Campari
komm zieh was an
sonst kennt uns jedermann

möchte bleiben gern
fern
von jeglichen leuten
die mir nichts bedeuten

ich fahre ab nach Chur
doch nur
weil ich habe vergessen mein geld
das ist was mir nicht so gefällt
an der ganzen sache
darum mache
ich halt
doch das lässt mich kalt

wir streiten
aber reiten
doch gemeinsam
denn alleine
wäre es einsam
durch die prärie
denn dort war ich noch nie

der Bill und der John
die wohnen schon
seit jahren
in ihrer hütte am berg
dort sieht sie jeder zwerg
und sie fahren
mit dem „zug" zum ersten mal
zum Taj Mahal

los
du bist doch schon gross
stell dich dem kampf
oder sag dass du bist krank
dass du nicht kannst kämpfen
doch das wird dämpfen
deinen mut
und das ist nicht gut

ich habe vergessen
dass ich bin besessen
auf ein pferd
das hat viel wert
ich möchte es kaufen
und mit ihm laufen
über berg und tal
das gefällt ihm allemal

die kleine maus
saust rum im haus
das macht mir mühe
ich koche eine brühe
und will sie ersäufen
dazu halt ich sie bei den läufen
es macht blubb
und schwupp
die maus ist tot
und ich seh nicht mehr rot

heimweh habe ich immer
es wird nur schlimmer
ich möchte nach hause
und stehen unter die brause

tisch nummer sieben
dort drüben
wartet schon lange
auf die zange
um zu öffnen den hummer
das ist ne schöne nummer

du mit dem „rossschwanz"
ich bitte dich zum tanz
und wir drehen runden
und auch nach stunden
sind wir noch dran
es macht uns immer wieder neu an

wir liegen
und vergnügen
uns am strand
im warmen sand

ich reite im nu
auf die berge zu
will finden die zwerge
die arbeiten im berge

wir träumen
sie räumen
ab den tisch
mit dem fisch
der hat gestunken
ich hab dazu getrunken
ein glas wein
das darf doch sein?

holderi und holdrio
wir sind heiter und froh
können machen was wir wollen
brav sitzen oder herumtollen
denn die eltern sind nicht da
darum können wirs ja

die fee
schwebt über dem klee
schwebt hin und her
das gefällt mir sehr

eine maus und ein elefant
spazieren über land
da sagt die maus
du altes haus
könntest mich auch fragen
ob du mich sollst tragen

unter den eiben
da möchte ich schreiben
ein kleines gedicht
für den wicht

nicht klagen
sondern sagen
wo dich drückt der schuh
das beheben wir dann im nu

bin ich nicht zu haus
da lassen die kinder die sau raus
ich sag zu meinem sohn
komm schon
lass uns gehen
damit wir nicht sehen
die „sauerai"
die herrscht „dähai"

ich muss was tun
kann nicht ruhn
muss basteln und werken
dass alle merken
dass es auch mich gibt
denn wir sind zu siebt

ich mach ne „sause"
doch steh ich vorher unter die brause
bevor die gäste kommen
bin ich noch ganz benommen
hab geduscht zu heiss
jetzt läuft mir herab der schweiss

ich hab ne frohe kunde
hab eine wunde
die ist blutrot
ich könnte sein tot

ich möchte ein kind
und das geschwind
willst du mich lieben die ganze nacht
bis wir haben ein kind gemacht?

Iwan
dieser arme mann
muss täglich grüssen
seine süssen
schwestern
grad wie gestern

jetzt ist schluss
du bringst mir nur verdruss
will ich einkaufen
dann willst du „go laufen"
will ich sehen fern
dann möchtest du mich haben gern

es ist zum kotzen
wie die kinder trotzen
haben einen dicken kopf
und zum trotz
wolln sie „bachen"
ja das sind sachen
in meiner wut
nehm ich den hut
geh draussen spazieren
und dann grillieren
und lass die kinder
allein
daheim

wir sind ganz besessen
nach wellnessen
ein bad mal hier
ein bad mal da
drum kommen wir ja

der cowboy Bill
der weiss was er will
will blumen im garten
die darauf warten
dass er
gibt täglich wasser
denn in der prärie
regnets fast nie

ich bin bereit
die strecke ist weit
die wir müssen gehen
und es wehen
heisse winde
ich sag zu meinem kinde
nimms nicht zu schwer
ich kann auch fast nicht mehr

die steilen
geilen
frauen vom haus
die kennen sich aus
wie sie einen mann erhaschen
auch wenn es sind nur flaschen

ich stell mich tot
ich will kein brot
essen
das sollen die kessen
„bienen" vom haus
denen macht das nichts aus

ich habe „mais"
mit einem greis
er ist so voll wut
dass ihm zittert der hut

ich will nehmen den bus
ja son stuss
fährt mir davon
jetzt steh ich schon
so lange hier
könnt grad trinken ein bier

es hockt ne meise
auf dem geleise
muss aufpassen
damit der „zug" sie nicht tut erfassen
wenn er daherrollt
und sie immer noch schmollt

Wilhelm Tell
war ganz schnell
hat den apfel getroffen
er war nicht besoffen

Kate
hat ein date
jetzt muss sie sich machen schön
damit sie kann ausgehn
und ihren liebsten begrüssen
mit 1000 küssen

der albatros
das ist der boss
vom hinteren tal
versuche mal
zu gehen dorthin
dann begegnest du ihm

ich bitte sie
das „isch für mii"
hab nicht alle tassen im schrank
doch Gott sei dank
bin ich munter und fit
„das isch dä hit"

ich will nicht viel
nur ein spiel
machen mit dir
o glaube mir
wie würde das freuen mich
denn ich kenne ja nur dich

die wanzen
sie tanzen
im bett
oh wie nett

die suche ist sehr
schwer
drum suchen sie „au"
so genau

ich sitze
und ich schwitze
weil ich mache sport
da muss ich rennen fort
doch jetzt halt ich mal inne
sonst denkst du noch ich spinne

als wir
das sage ich dir
so sitzen
und schwitzen
mag ich nicht mehr aufstehn und laufen
möcht nur noch eins saufen

die meisen sie pfeifen
und es ergreifen
die hunde die flucht
hoffentlich wird das nicht zur sucht

der Bill
der weiss was er will
will fondue chinoise
dass
ich dafür reiten kann
irgendwann

die finken
trinken
vom wasser am brunnen
und dabei summen
die bienen im chor
es tönt bis an mein ohr

in meinem bett
ists ganz nett
es hat viel platz
auch für dich mein schatz

was ich nicht mehr hergeben will
nicht mal an Bill
das ist mein pferd
und ich stehe am herd
und ich denke
dass ich es einrenke
zu behalten mein pferd
denn es hat soviel wert

die kleine maus
die kennst sich aus
in unsrem haus
rennt hin und her
ich mag bald nicht mehr
und frisst alles an
was nur essbar sein kann

hast kein eisen mehr im feuer
das ist mir nicht geheuer
wenns nicht klappen sollte
wie ich wollte
schaust du ein
das soll nicht sein

die Nicole
die find ich toll
hat keine macken
und geht nur kacken
wenns muss sein
drum ist sie mein

ich heisse Grete
und liebe „rote bete"
könnt mich essen davon voll
doch das ist nicht so toll
muss nachher dauernd aufs klo
ja das ist halt dann so

sie tun erst saufen
um sich dann zu raufen
wo führt das hin?
das hat doch alles keinen sinn

der grill
gehört dem Bill
will ihn verkaufen
muss dazu laufen
in die stadt
wo es sicher käufer hat

überall
steht ein stall
mit drinnen stroh
darüber sind die mäuse froh
haben futter in massen
wenn draussen die strassen
gefroren sind
und es friert jedes kind

die finken die kommen
sie gehn erst zu den nonnen
um sie zu begrüssen
und von dem süssen
zuckerwasser zu trinken
das sie geben den finken

bist du krank?
doch Gott sei dank
bist du munter
mein Gunter

ein fink
braucht nen drink
weil er alleine ist
und darum nicht mehr frisst

ein kind
das ist geschwind
überall
über berg und tal
geht zu den zwergen
die sind am bergen
erz aus dem stollen
das sie sollen
zerkleinern
und legen in „eimern"

die finken
brauchen zu trinken
um sich zu erfreuen
an den neuen
bäumen im park
ja die sind stark

die bienen summen
die bären brummen
jeder ganz leise
auf seine weise

da geht er
der Peter
die freundschaft ist vorbei
das ist ihm einerlei

der King
hat nen teuren ring
und es lauern
zu seinem bedauern
viele leute rum
die sind ja nicht dumm
um zu erhaschen den ring
vom King

die Nicole
die ist toll
hat einen grossen busen
darauf könnte ich „pfusen"
den ganzen tag
bis sie nicht mehr mag

wir lauschen der weise
der singenden greise
es tönt meist falsch
aus jedem hals

zähl viele schafe
bis ich schlafe
und auch den hund
der treibts zwar bunt

Franz geht zu einem fest
da gibt es einen test
es darf nur rein
das ist gemein
wer gut kann tanzen
und das sind die emanzen

es führt ein weg
über einen steg
er führt auf die andere seite
wo die weite
steppe ist
ist das ein mist

überall
zwischen berg und tal
hat es gruben
wo sich die bösen „buben"
können verstecken
zu unserem entsetzen

es hocken die „blutten" weiber im garten
die sollen noch warten
bis wir haben zeit
und sind dazu bereit

die gedanken
sie schwanken
soll ich gehen mit Joe
oder lieber mit Mo?
ich mag beide sehr
darum ist die wahl so schwer

beide sind toll
„ich lach mir den hintern voll"
sie machen den spagat
und zugleich auchs rad
sie albern rum
und sind nicht dumm

ich bin ganz
wild auf den tanz
der heute abend findet statt
ich denke es wird „sauglatt"

über berg und tal
fahr ich allemal
wenn ich will zu Mo
denn der lebt eben so
es ist ne lange strecke
muss aufpassen dass ich nicht verrecke

die hühner gackern
die wackern
und warten auf den hahn
der heisst Silberzahn
er will sie beglücken
für die hühner ein entzücken

klar
es ist wahr
dass ich schwanger bin
ganz nach meinem sinn
ich warte auf das baby klein
es wird sicher ein söhnchen sein

die brut
hockt im hut
zu meinem entsetzen
kann ich ihn nicht mehr aufsetzen

ich habe ein
daheim
wo sichs tut lohnen
zu wohnen

der kleine
ist alleine
zu haus
das nützt er aus
geht überall schauen
um zu klauen
ein bisschen geld
was ihm gefällt

ehrlich
es ist zu gefährlich
zu reiten zu zweit
und wenn ihr habt streit
wer tut ihn schlichten?
es sind dabei ja keine nichten

ich steh unter der brause
denn nachher gibts ne „sause"
für alle die wollen kommen
auch die frommen

es ist zu heiss
jammert der greis
er nimmt zwei decken
um sich zu verstecken
vor den sonnenstrahlen
den fahlen

geh ganz verstohlen
brötchen holen
will dich nicht wecken
sonst tust du erschrecken
das hast du nicht gern
drum halt ich mich fern

der Peter
da geht er
geht in die stadt
weil er hat
ein stelldichein
bei einem glas wein
mit einer dame so fein
ich möcht es würde meine sein

es kommt
prompt
ein sturm
ich armer wurm
bin mittendrin
weiss nicht wo ich soll laufen hin

sie erzählen
und wir wählen
eine geschichte
über zwerge und wichte
und schau ich genau
dann seh ich sie „au"

es tanzen die mäuse
jede hat läuse
in ihrem fell
gell
die tun beissen und kratzen
und die mäuse mit ihren tatzen
vertreiben sie
das „isch äs gsii"

Joe hat keine zähne
darum vergiesst er ne träne
kann nicht mehr beissen
das tut ihn anscheissen
kann nicht mehr essen fleisch vom grill
so wie er gerne will

wir essen was kommt auf den tisch
denn sonst müssen wir essen fisch
den lieben wir nicht
ich hab gehört das gäbe gicht
das möchten wir vermeiden
darum leiden
wir am tisch
auch ohne fisch

wir gehen vor den richter
da spricht er
lass das sein
das ist gemein
zu schlagen deine frau
du bist ne arme sau

für ein bier
helf ich dir
aufzuräumen
unter den bäumen

das
teure glas
ist weg
jetzt krieg ich einen schreck
nein noch mehr
„es reut mich sehr"

ich wills so
doch du sagst no
willst machen einen schrank
doch Gott sei dank
hast du kein holz
das macht mich grad ein bisschen stolz

ich liebe dich
s ist fürchterlich
so fixiert zu sein
ich hoffe du bist wirklich mein

mir gehts beschissen
versuche ganz verbissen
zu verbergen die geschichte
denn es besucht mich ne nichte
und die fragt ganz schlau
wie gehts dir „au"?
ich sage schlecht
da habe ich recht

ich geh fort
an einen andern ort
halts hier nicht mehr aus
es plagt mich immer die maus

der bäcker Bolte
der holte
brötchen frische
für die fische

ich bin ganz nah
bei einer insel
da nehm ich den pinsel
und male sie
frag mich nur nicht wie
bin leider noch nicht gut
und ich kriege eine wut

ich will
sein wie Bill
will können so reiten
und so streiten
will hundert sachen
auf einmal machen
will umgehen können mit dem colt
so wie ihr es auch gerne wollt

innen
drinnen
ists ganz hell
drum mache schnell
ein foto
vielleicht gewinnen wir dann im lotto

gelle
so auf die schnelle
möchte ich nichts tun
nur ruhn

zwischen den fugen
„lugen"
die mäuse heraus
es ist ein graus
sie beobachten uns immer
wir sind nimmer
mehr allein
darf das so sein?

ich muss noch warten
bis im garten
es wird grün
und dann die blumen blühn
dann geniess ich meinen garten
und alles andere kann warten

von sechs bis acht
das macht
zwei stunden
wo wir ziehen unsere runden
um den fussballplatz
gell mein schatz

ich bin dabei
es gibt da allerlei
zu kaufen
und zu tauschen
kaufe ein bett
das ist ganz nett
für mich und dich
komm liebe mich

wir kinder
essen gesünder
als mama es tat
sie gibt uns den rat
nicht essen zu viele fritten
das gibt zu grosse titten

ich bin in einem kleinen hoch
da bin ich eigentlich immer noch
kann wieder am ärmel schütteln
und rütteln
und schon purzeln raus die gedichte
es ist als hätte ich hilfe vom wichte

das meer
mag ich sehr
möcht reiten auf seinen wellen
und dazu bestellen
einen trockenen wein
das wäre fein

im nu
gehöre ich dazu
zu einer bande
die am rande
der stadt
ihr quartier hat

ich nähe
und eine krähe
kräht dazu
in aller ruh

es weht eine bise
über die wiese
drum ist es kalt
und „ich geh halt"
nach hause
und steh unter die brause

was sagst du dazu?
und im nu
ist er gegangen
war wie befangen
bei uns zu hause
bei der „sause"

glaube mir
ich schenke dir
rote nelken
die gleich welken

die mannen
wolln in die wannen
sind dreckig vom staub
doch den raub
haben sie gemacht
alle acht

ich sage nur
du hast eine figur
zum beneiden
jetzt tu ich treiben
mich zum sport
wir sehn uns dann an einem anderen ort

ganz kokett
geh ich ans bankett
bin nicht eingeladen
doch es sind am baden
viele der leute
also geh ich auch heute
es „lugt" nicht einer
mich sieht keiner
wir machen
sachen
die verboten sind
das weiss doch jedes kind
dochs tut sie reizen
zu spreizen
die beine
dass der eine
glücklich ist

es muhen die kühe
ich habe mühe
zu hören das
die sollen lieber fressen gras

bitte halte mir
das papier
denn ich will falten
einen alten
hund
das ist der grund

ich bin allein
das find ich gemein
alle sind ausgeflogen
sie haben mich betrogen
haben gesagt sie gehn in die stadt
wo es schöne weiber hat

Bill ist ein „kasten"
doch jetzt muss er fasten
muss operieren das knie
doch das heilt nie
wenn er so schwer ist
und immer nur frisst

Peterchen isst
und vergisst
auf den bus zu springen
doch es singen
die anderen kinder
im bus
son stuss

der meister
braucht viel kleister
das sieht der lehrling
und sagt das istn ding
muss zargen machen
aber ohne sachen wie leim?
denn den lässt er daheim

ich hab eine kommode
die ist wieder in mode
bringe sie zu Bill
dem ich sie verkaufen will

zu viert
werden wir ausrangiert
aus unserer kapelle
denn da rührt einer die kelle
der uns nicht mag
an diesem tag

der hund der bellt
die türe „schellt"
weiss nicht wo mir steht der kopf
bin doch ein armer tropf

meine gedichte
sie tragen vielleicht einmal früchte
will sie bringen raus
dann kann ich mir ein haus
kaufen aus dem erlös
ach wie generös

Rom
hat keinen strom
da gibts in neun monaten
babys in raten

wir tanken
mit ein paar franken
unseren wagen halb voll
ja das ist toll
jetzt können wir fahren
mit dem wind in den haaren
durchs ganze land
ganz ohne verstand

ich will ne wurst
und habe durst
doch die wurst ist noch am „brätlen"
ich kann nur „rätlen"
wie lange noch?
doch
in der zwischenzeit
bin ich bereit
zu trinken etwas
aus einem glas

die flotten reiter
sie reiten heiter
durch den raureif
und der schweif
hängt still
wie ein stolzes pferd es will

da komm ich heim
das darf nicht sein
lauter mäuse und wanzen
die tanzen
auf meinem schönen parkett
das find ich gar nicht nett
nein ich finds zum kotzen
und fang an zu motzen
da verstieben sie alle
und ich hab meine halle
wieder für mich allein
wie das soll sein

das feuer
ist mir nicht geheuer
ist viel zu gross
und du gibst noch einen „stoss"
holz dazu
das brennt auch im nu

ich bin allein
das ist gemein
alle sind weg
und ich muss den steg
putzen und fegen
und mir dabei überlegen
„obs noch kommt go regnen"

ich bin bereit
sind wir noch „gescheit"?
diese reise zu machen
es hat doch ein paar sachen
die gefährlich sind
und eher für ein trainiertes kind
doch wir wollens wagen
und in ein paar tagen
wissen wir mehr
und kommen wieder her

ich habe keine worte
dafür eine torte
die ich meinem lieben Bill
schenken will

will gehn essen
bin ganz besessen
auf ein kotelett
so wie es macht die Babett

ich hock auf nem sitz
da trifft mich der blitz
s wird um den „hintern" warm
drum schlage ich alarm

im fitness der greis
trieft vor schweiss
ja alles hat seinen preis

die Friesen
vermiesen
uns den tag
das ist was ich nicht mag
sie sollen testen
und festen
allein
daheim

Pegasus reitet im zauberwald
ihm ist bald
viel zu kalt
er reitet zu den feen
um in den warmen seen
zu baden
um dann zu graben
mit den hufen ein loch
das könnte er doch

ich zähle als strafe
die tausend schafe
die am himmel oben wohnen
und essen bohnen
weil es dort gibt kein gras
das ist „krass"

ein scheiss
dieser preis
viel zu teuer
für ein feuer
da hab ich lieber kalt
bis „halt"
der frühling kommt
und ich prompt
kann fliegen an die sonne
oh was für eine wonne

ich habn grund
ich armer hund
bin worden gebissen
darum hab ich geschissen
in die hose
jetzt muss ich noch entleeren die blase
das mach ich in ne vase

komm doch rein
ich lade dich ein
zu warten
im rosengarten
ich bringe dann tee
ich „ha laidär nöd mee"

es schlafen
die braven
kinderlein
daheim
hab ich gedacht
doch die haben gelacht
und den clown gemacht
bis ich komme nach haus
und dann ist der spuk aus

oh wie nett
ists im bett
möchte schlafen lange
da wird mir angst und bange
denn du liegst nicht mehr neben mir
was ist auch los mit dir?
hast verlassen das haus
so leise wie ne maus
gehst in nachbars garten
wo tut warten
die tochter von Tim
oh wie schlimm

du
reitest im nu
auf deinem gaul
der heisst Paul
in die Linde
um zu kippen einen hinter die binde

einen ball
gibts überall
nimm einen mit
denn darum bin ich so fit
weil ich spiele mit dem ball
da gibts nen knall
und der ball
liegt flach
ach

ich muss warten
im garten
auf die leute
die heute
meinen garten räumen
das darf ich nicht versäumen

ich geniesse den tag
so wie er mag
kommen
und die frommen
weiber die rennen
in die kirche um sich zu bekennen

die autospuren
sie führen
durch den sumpf
dann machts plötzlich plumps
und zu sehen ist nichts mehr
wie wenn nichts gewesen wär

leider steht der motor still
wann er will
das ist jetzt wieder „passiert"
und ungeniert
halten wir ein auto an
das daher zu fahren kam

der gaul
reisst sein maul
weit auf
darauf
geb ich ihm ein brot
jetzt ist er nicht mehr in not
und einen eimer wasser
auf dass er
stillen kann seinen durst
der rest ist mir „wurscht"

dieser regen
ist ein segen
für mensch und tier
das glaube mir
und trocken wars lange
mir wurde schon angst und bange

dieser hirt
will werden wirt
und verlassen seine schafe
um brave
bürger zu bedienen
so kann er mehr verdienen

wir spielen mit dem ball
hier und überall
können nicht mehr ohne sein
gut ist er mein

nicht wahr
s ist wunderbar
zu sehen die Skyline
von daheim

„zu flotter stunde"
spielen wir ne runde
skat
ohne „mat"

der hahn
der kam
im fluge daher
ich weiss es nicht mehr
bin zu sehr
verstrickt in sachen
die mir kummer machen

lauter sachen
die spass machen
und ich werde nass
dabei tönt der kontrabass
laut vor sich hin
und ich bleibe drin
im haus
denn ich bin nass wie ne maus

der mann mit der gicht
der spricht
noch ganz benommen
ich habe erklommen
den berg da droben
ja er war oben
zum beweis
dass es jeder weiss
hat er fotos gemacht
die zeigt er diese nacht

die „Trine"
und die Hermine
wollen duschen
dabei huschen
ratten vorbei
hei
die „Trine"
und die Hermine
rufen aus
was für ein graus
oh wie eklig
da bleiben wir lieber dreckig

die schlafmütze
isst „grütze"
um zu werden wach
ich hau ihr noch eins aufs dach
damit sie sicher auch ist wach
noch wacher als zuvor
du tor

ich bin heiter
da kommen ein paar reiter
die mich fragen nach dem weg
ich sage der führt über diesen steg
ins land der elfen und gnome
das ist nicht ohne
und wäre das ein genuss
vielleicht begegnen sie noch Pegasus

Pit sitzt auf der lauer
beim bauer
denn jemand stiehlt „rüäbli"
das sind „büäbli"
die nichts zu essen haben
und darum stehlen sie wie raben

ich sitz auf meinem hut
wie gut das tut
kann nichts mehr trinken und essen
nicht mal ein gläschen
ist das die wende
oder gar das ende?
das wäre zu banal
denk ich mal

der herr mit der posaune
macht gute laune
zum bösen spiel
denn er fiel
in einen schacht
und das macht
weh
darum trinkt er jetzt tee

die „buben saichen"
an die eichen
das ist eine schweinerei
doch denen ist das einerlei

zahle auf mein konto
aber pronto
1000 franken ein
die sind dann mein
dann geh ich posten
sachen die rosten
das find ich fein
ungemein

die weiber sie dichten
um uns dann zu berichten
wie schön das war
einfach wunderbar

es passiert
dass einer unrasiert
und völlig ungeniert
läuft durch die leute
und das noch heute

wir gehen futtern
bei muttern
da schmeckts am besten
auch wenns gibt resten

nicht die neuen
die scheuen
mädchen vom lande
gehen am strande
sie gehören
zu ner bande
leichter mädchen vom lande

sie warten
bis sie können starten
zum lauf
den berg hinauf

ich könnte „pfusen"
doch du willst schmusen
ein wenig halt
doch mir wird kalt
und ich krieche unter die decken
und lass mich nicht mehr wecken

der bär tut
wie wenn nichts gewesen wär
dabei hat er geklaut
und das hat ihn aufgebaut
den honig vom bauer
na so ein schlauer

du bist ganz nass
woher kommt das?
bist gestanden in die pfütze?
jetzt musst du essen eine grütze

der Juri ist auf wegen
ach was für ein segen
Juri hin und Juri her
Juri sein das ist nicht schwer

es drücken
sich unter den brücken
die obdachlosen
die mit den geflickten hosen
und den schlechten zähnen im mund
oh wie ungesund

es eilen
die geilen
hennen umher
wo ist unser hahn bitte sehr?
er soll uns beglücken
zu unserem entzücken

der Reto geht im winter
na spinnt er?
in den wald
dort ist es kalt
und nicht genug von allem
er geht vor allem
barfuss im schnee
da sieht er eine fee
die spricht zu ihm
komm streck mir hin
deine füsse
ich küsse
sie warm

es sind 20°
grad gut für ein bad
im see
was „willsch no mee"?

schokolade
oh wie jammerschade
darf ich nicht essen
jetzt hab ich vergessen
wer mir das verboten hat
darum grad
ess ich davon
mach schon
komm gib mir
und behalte es bei dir

erst brauch ich eine cola
dann kaufe ich ne stola
für den nächsten ball
dann hab ich eine ein für allemal

aufräumen
und nicht träumen
hör ich meine mutter sagen
sie tut mich schon wieder plagen

wir kochen
uns knochen
was für ein graus
die hängen uns schon zum halse heraus

der Bill und der Joe
die treffen sich irgendwo
um sich zu raufen
und dann zu kaufen
einen gaul
mit schönem maul

du machst auf
da wett ich drauf
ein fass
mit kühlem nass
mit wein vom feinsten
aber am gemeinsten
ist
dass ich nichts trinken darf
„sonst werde ich zu scharf"

die knochen
die rochen
nach hund
oh wie ungesund

Hannes kotzt
und motzt
nicht mal ein bier
gönnt man mir

mit dem messer
fügt Mo dem Bill eine wunde zu
doch jetzt ist sie besser
sie heilt im nu

willkommen
das glück ist vollkommen
die ganze familie ist da
das gibts selten ja

der wind bläst um die ecken
und bläst sogar weg die schnecken
kein hund getraut sich raus
nicht mal ums haus
um pipi zu machen
das sind schlimme sachen

ich hab hunger
auf nen hummer
geh einen fischen
um ihn dann schön aufzutischen

ich nehm ein „cüpli"
und du ein „süppli"
denn dir tut ein „cüpli" nicht gut
da musst du sein auf der hut

die tollste henne
die ich kenne
heisst Matthäus
und reist nach Piräus

ich esse mich satt
von dem was es hat
und sinds halt böhnchen
gibts nachher tönchen
und stinken tuts auch
das kommt aus dem bauch

hab geschlafen bis neun
das kann doch fast nicht sein
war gegangen früh ins bett
vielleicht war es viel zu nett

die bunten
tunten
wollen „gumpen"
auf dem trampolin
da schauen alle hin

da kommt ein reiter
ganz flott und heiter
will tränken sein ross
auf unserem schloss

das hühnchen und das hähnchen
die wollen gehn aufs bähnchen
das bähnchen das kommt
und prompt
steigen sie ein
und öffnen ihr körbchen
darin hats törtchen
und ein gläschen wein
ach wie fein
und sie essen im bähnchen
das hühnchen und das hähnchen

die kleine maus
die muss mal treten aus
doch sie geniert sich
sie weiss nicht wohin gehen
denn überall stehen
leute herum
und das ist dumm

ich will
so mutig sein wie Bill
und kämpfen mit pumas
und schaun dass mir nicht wird der schuh nass
sonst erkälte ich mich
und dann kann ich dich
nicht lieben mehr
und das betrübt mich sehr

um zehn
muss ich gehn
weil meine frau geburtstag hat
und da essen wir uns satt

der bau
ist grau
die mäuse „au"

es ist schon ganz nett
so alleine im bett
doch kommt noch dazu wer
das würde mich freuen sehr

es kommen
die frommen
nonnen vom beten
jemand hat eine getreten
jetzt hat sie ein blaues bein
doch das heilt von allein

ich leg mich auf die matte
mit meiner „krawatte"
und warte was da kommt
und prompt
kommt ein mann in weiss
mir bricht aus der schweiss

ich träumte
ich wäre ein fisch
und räumte ab den tisch

zu vorgerückter stunde
treffen sich die hunde
um zu bellen im chor
ach mein armes ohr

ich gehe spazieren
und du gehst trainieren
ins fitnessstudio
doch das nicht einfach so
du willst einen body wie ein star
das ist mir jetzt sonnenklar
doch weisst du wie lange das dauert?
jahre vergehn
kannst du so lange bestehn?

ich bin krank
und finde den „rank"
nicht mehr allein
das ist gemein

ich bin schon 130
und immer noch fleissig
doch heute hab ich nichts zu tun
darum geh ich ruhn

es tickt die uhr
vor sich hin ganz stur
tickt immer gleich
das „isch än saich"

der herr mit bart
der spricht so zart
ein gedicht
mehr will er nicht

ich sitze tief
was für ein mief
komm nicht mehr hoch
so helft mir doch

ich eile
eine meile
bis zur liebsten mein
ich find sie daheim
das ist gemein
mit einem andern im bett
das ist nicht nett
sie hat mir doch ihre liebe versprochen
nun hat sie ihren schwur gebrochen
dabei lieb ich sie über beide ohren
jetzt geht diese liebe verloren

brauche kohlen
um brötchen zu holen
für meine kinderschar
das ist klar
denn sie haben nichts mehr zu futtern
auch nicht bei muttern
drum muss ich dafür sorgen
dass es gibt einen „zmorgen"

ich will gehen
auch wenn wehen
die winde so stark
dass es bläst durch bein und mark
denn ich muss zum bahnhof
und dort abholen einen „goof"
der bei uns bleibt
ne ganze zeit

ich will gehen jagen
und muss den Beat fragen
ob er mir gibt seine flinte
denn ich hab nur rote tinte
da kommt mir ein hase entgegen
und ich ganz verwegen
ziel mit dem gewehr auf den hasen
der ist mächtig am „rasen"
und bum
fällt er tot um

ich warte
auf die schwarte
vom schwein dem toten
dann nehm ich einen faden einen roten
und häng sie draussen an der buche auf
für die vögel zuhauf

schnee schnee
juhee juhee
kann sausen runter den berg
bis zur hütte vom zwerg
denn dem gehört der berg
ich kriege einen grog dort
dann geh ich wieder fort
um weiter zu fahren schi
„bisch au däbii"?

das ist tipp topp
und kein flop
das ist ware vom feinsten
ja was meinst denn?

weiss nicht mehr weiter
war immer froh und heiter
doch im saloon
treffe ich nun
einen gangster mit pistolen
er bedroht mich
drum renne ich
schnell geld holen
jetzt bin ich pleite
hab nichts mehr auf der seite

wir holen
ganz verstohlen
aus dem keller kohlen
um zu heizen den ofen ein
damit es gemütlich wird daheim

verstohlen
kommst du holen
einen „harass" wein
den säufst du allein

wir gehen jagen
und müssen somit „plagen"
die hühner
da kommt ein kühner
hahn daher
und meint
(dass es sich reimt)
wir sind so friedliche leute
lasst es sein für heute

Fritzchen ist ganz aus dem häuschen
denn er hat gefunden ein mäuschen
das zu ihm passt
und er lässt alle freunde sein
um zu sein mit mäuschen allein

ich geh tappen
auf schusters rappen
hab in der tasche keinen pfennig
aber das stört mich wenig

ich kann nicht tauchen
wenn ich will rauchen
ich sollte verzichten auf eines
also mach ich gar keines

du kannst die schuhe abholen
aber nur mit kohlen
denn alles kostet geld
auf dieser welt

es wird heller
und ich renn schneller
will brechen den rekord
vor ort
drum muss ich mich beeilen
und kann nicht mehr verweilen

es rosten
die pfosten
so vor sich hin
worin liegt da der sinn?
es gibt gar keinen
ich wollte nur reimen

wir streiten
wer darf reiten?
ich bin älter als du
das gibt mir das recht dazu
zu reiten zuerst
denn um zehn
muss ich gehn

lass mich von der muse küssen
sie will wissen
warum?
ich sag ihr dass ich dichten will
in einem wald
und das schon bald

ich muss aufstehn
doch es wehn
eisige winde
drum lauf ich „geschwinde"
zum bäcker Roth
um zu holen ein brot
und törtchen feine
aber ganz kleine

wir lassen die kuh
erst einmal machen muh
bevor sie auf die weide geht
und sie besteht darauf
dass sie will fressen allein
wenn die anderen kühe sind daheim

ich bin in not
hab zu essen mehr kein brot
habe viele kinderlein
die müssen doch auch satt mal sein
drum will ich betteln gehn
das ist nicht angenehm
nehm mit in „lumpen" das kleinste kind
und so haben wir geschwind
ein paar franken

ich will reiten gehn
das kann niemand verstehn
bei dieser kälte
dochs macht spass
das ross wird ganz nass
ich muss es nachher trocken reiben
doch da will ich nicht übertreiben

hörst du mich?
ich liebe dich
kann nicht mehr sein
allein
will mit dir die zeit verbringen
ob gut oder schlecht
mir ist alles recht

das hoch ist noch nicht ganz vorbei
ich dichte immer noch in ein zwei drei
minuten
einen guten
reim
dann geh ich heim

morgens um vier
schenk ich dir
einen schmatz
mein schatz

um vier uhr in der früh
da hab ich müh
da kräht der hahn
der Silberzahn
und eine stunde später
da kräht er
schon wieder
was hab ich ihm nur angetan?
ich glaube er hat grössenwahn

wenn die kuh
welche macht muh
in den stall dann geht
hat sie sich den kopf verdreht
in einen bullen
nen schwulen

möchte nur bei dir sein
bei einem gläschen wein
und mit dir kuscheln
und tuscheln
und gehn zu später stunde
für ne runde
ins bett

immer muss ich üben
um vier
am klavier
hab langsam die nase voll
von dur und moll

ich muss hinaus
oh welch ein graus
s ist bitter kalt
„so ist es halt"
manchmal im winter
dann spinnt er

ich komme heim
ich armes schwein
war im kasino
doch „no"
kein gewinn
ich glaub ich spinn
hab alles verloren
ich gehör zu den toren

welch ein schwein
kackt da hinein
und geht nicht aufs töpfchen
das freche tröpfchen?

schade
die strasse ist nicht gerade
um zu machen ein rennen
mit den hennen

es wirbelt den schnee herum
ach wie dumm
denn ich hab keine mütze
und steh auch noch in ne pfütze
jetzt hab ich die füsse nass
das macht gar kein spass

ich tu hassen
diese tassen
sind viel zu klein
da geht nicht mal ein espresso rein

wir rodeln
und wir jodeln
es ist ein genuss
so im schuss
den hang runter zu sausen
ganz ohne pausen

morgens um vier
spür ich mein bier
ich geh aufs klo
das ist „halt" so

ich bin zu klein
oh wie gemein
um zu schauen auf den kasten
wo die katzen sind am fasten

muss wasser lassen
und tu dabei hassen
dass ich nicht mehr kann
schlafen ein
ich armer mann
das ist gemein

die alten
die halten
ein mittagsschläfchen
und tun dabei zählen die schäfchen
obs wirklich tausend sind?
es heisst es stimmt

ich sitz um vier
hier
am tisch
und esse fisch
was will „ii no mee"?
denns tut
mir sehr gut

ich muss kacken
dabei packen
mich zwei männer und drücken mich aufs klo
oh

sie motzen
und dabei glotzen
sie mich an
und dann
ruf ich die polizei herbei
doch das ist denen einerlei

ich reite auf nem gaul
oh wie faul
will nicht gehen zu fuss
denn der boden
ist voll russ
drum hock ich lieber oben
und tu loben
die schöne schweiz
die hat einfach ihren reiz

ich sehe rot
ich werd bedroht
von einem mann
der dann und wann
nicht wohnt im gefängnis
dafür komm ich in bedrängnis

Tammy Gut
hat mut
dabei ist sie umgefallen
jetzt sagt sie zu allen
die sie kennen
ich wär „gescheiter go pennen"

fahren ski
das war ich noch nie
zu rasen auf den „brettern"
und dabei wettern
die alten leute
von heute

ich bin gekommen
und hab genommen
ein filet
oder auch „zwee"
für nen hund nen süssen
er lässt dich auch schön grüssen
und fürs fleisch danken
er will dir geben dann ein paar franken

die frommen
nonnen
kommen
in unser haus
o welch ein applaus
lösen sie aus

ich trinke kaffee
am see
da kommt ein schwan
heran
und fragt
gibts denn keinen tee
am see?

wir schwitzen
drum bespritzen
wir uns mit kühlem nass
vom fass

das machst du schlau
und so genau
du kannst karten lesen
und ich steh wie ein besen
hinter dir
dass du mir
kannst zeigen die route
die gute

die tür ist offen einen spalt
und es wird kalt
im zimmer wo wir wohnen
doch wir essen weiter bohnen
und schliessen die tür
und machen ein „füür"
jetzt wirds gemütlich und warm
wir sind nicht mehr dran arm

ach wie sehr ängstigt mich das
denn ich bin ja so nass
bin gefallen in den see
das tu ich „niä mee"
dazu ist es saukalt
und ich bin doch schon alt
hoffentlich erkält ich mich nicht
und spür nicht meine gicht

es rennt los der Bill
was er wohl will?
er holt sein pferd
macht rechts um kehrt
schon ist er verschwunden
und kommt erst wieder nach stunden

bus 31
fährt fleissig
mal hin
mal her
s fahren fällt ihm gar nicht schwer

eine banane und ein brot
das reicht mir in der not
muss davon leben
weil ich eben
bin arm

ich geh schwimmen
in einem binnen-
see
das wasser ist klar
es ist wahr
ich seh
bis auf den grund
da seh ich einen fisch
schwerer als fünf pfund
den will ich am abend auf dem tisch
ich tauche unter
und fange munter
den fisch
für auf den tisch

im grössenwahn
kauf ich nen kahn
fahr mal nach Hawaii
oder in die Türkei
doch dann kommt ein schlimmer sturm
der bricht mir erst den turm
dann geh ich unter
zwar fit und munter
mit dem kahn
im grössenwahn

die wanzen haben mich gebissen
ich fühl mich so beschissen
steig unter die dusche
dann husche
ich in frische kleider
die leider
die motten schon haben zerfressen
um das zu vergessen
trink ich ein bier
grad vor dir

wir laufen
in die stadt
und kaufen
was es hat
einen eimer
nur ein kleiner
für Michels kind
das ihn geschwind
nimmt in beschlag
das ist es was er mag

speck und bohnen
würde sich lohnen
für uns vier
und dazun bier
ich erlaube es dir

so ein schwein
bin nicht daheim
wenn kommen die bullen
und wollen
dass ich mit ihnen gehe
oh wehe

nachts um halb zwei
gehen alle „hai"
die einen kotzen
die andern motzen
dass der abend ist schon vorbei

ich bin stolz
hab ein haus aus holz
doch tut da nagen
mit vollem magen
ein holzwurm klein
er meint das holz wäre so fein

ich sehe fern
aber nicht gern
doch mein schatz will fussball schauen
das kann mich nicht aufbauen
sitz nämlich unten im loch
doch du bist im hoch
nur wegen dem scheiss fussball
ich könnte allemal
den fernseher abstellen
doch dann würdest du mich anbellen

man könnte meinen
ich tät weinen
weil du mich hast verlassen
und mitgenommen alle tassen
jetzt kann ich nicht mehr kochen tee
ja das tut weh

weisst du was du musst machen
ohne zu lachen?
schütteln am bäumchen
da fallen herab alle träumchen
such dir ein paar aus
dann geh damit nach haus
leg dich ins bett
und ich mache jede „wett"
dass die träume kommen

so ein schrott
ich geh bankrott
langsam wird die kohle knapp
das hab ich alles wirklich satt

wir „gören"
müssen aufhören
zu tratschen im nass
denn das macht keinen spass

ich geh mit meinem schlitten
den berg rauf
mir geht aus der schnauf
da seh ich eine frau mit grossen titten
da mag ich wieder ziehen meinen schlitten
ich geh ihr hinten nach
doch ach
sie tut nicht „schlitteln"
tut nur am bäumchen rütteln
dass fällt der schnee auf sie
so das „wärs gsii"

du hast so süsse
kleine füsse
ich möchte sie nehmen in meine hände
und massieren
das bin ich im stande
und es tut nichts passieren

in der mühle
ist es kühle
sie ist „halt"
alt
und es zieht bald
durch alle ritzen
und das nicht zu meinem entzücken
könnt werden krank
ich hock auf der bank
und bin am schlottern

ich hab dich noch immer gerne
doch seh ich dich lieber aus der ferne
was einmal war
das ist klar
ist vorbei
und mir heut einerlei

draussen schneits
was „abä gait"
ich mache ein feuer
dann ists mir nicht mehr geheuer
weil es ist so gross
doch du findest es famos

die zwerge
der berge
im Bergün
die sind kühn
sie klettern auf die höchsten gipfel
die sind über jedem baumwipfel
und suchen nach kohlen
die werden sie dann holen
bevor der winter kommt

es pfeifen die winde
es schlottert das kinde
muss barfuss laufen im schnee
oh wie tut das weh

der mann ist alt
drum hat er kalt
an diesem schönen wintermorgen
wo ich kann ohne sorgen
spazieren gehn
auch wenn die winde wehn

der vortrag ist fertig
und ich geh artig
zu mir nach hause
und steh unter die heisse brause

ich kanns nicht lassen
ich könnte dich hassen
weil du mich hast sitzen lassen

beim schreiben
tu ich oft übertreiben
doch papier nimmt alles an
drum kann ich machen was ich will
das meint auch der Bill
der grad ist gekommen
um mit dem frommen
pfarrer zu reden
so ist er eben

du kannst mich ja begleiten
dabei streiten
sich die pferde
sie rolln sich auf der erde
s braucht geduld viele
bis wir sind am ziele

sie kommt
prompt
zu spät
ich tät
mich schämen
doch das kennt sie nicht
sie bringt mir dafür mit ein gedicht

es ist noch nass
mein badekleid
wie ich das hass
es tut mir leid
kann so noch nicht ins wasser gehn
wenn langsam auch schon der wind tut wehn
und langsam drehn sich schon die winde
da bleibt am ufer jedes kinde

will fahren heim
ganz allein
kanns das sein?

in der mühle
hat es stühle
um auszuruhn
vom nichts tun

ist ja toll
mein glas ist voll
hab was zu trinken gegen den durst
jetzt ist mir alles „wurscht"

dann
und wann
verschwind ich dann
zu meiner frau der ex
um zu haben sex

un poco vino
für peppino
das bestellt er jeden tag
weil er ihn „halt" mag

nicht fluchen
iss kuchen

im alten turm
da lebt ein „wurm aus holz"
und er meint ganz stolz
ich bin hier schon
in der fünften generation

wir kochen
die knochen
aus
das wirdn schmaus

der winter ist ein harter brocken
drum tu ich an der wärme hocken

ich kriege eine nummer
und leg mich neben den hummer
s ist schön zu liegen einfach nur so
und dem hummer gefällts sowieso
weil er noch leben kann weiter
frisch froh und heiter

möcht gern an eine fete
doch da hauen
mich die schlauen
und der rest
nur so zum test
windelweich
„isch das än saich"

wir kaufen für Lara eine puppe
doch die landet leider in der suppe

ich kauf mir eine pille
das ist  mein letzter wille

seid nicht zu sehr traurig
denn das wär schaurig
für mich
ich hab mein leben gelebt
bis es zu ende geht

wir kaufen bier
dann gehen wir hier
an unserem platz
saufen mein schatz

der herr mit der melone
der sitzt ohne
auf ner bank
da kommt ein vogel und fragt
bist du krank?

komm zu mir
das rat ich dir
kann dir helfen
vor den wölfen
die dich bedrohen
denn der mann mit den schlohen
weissen haaren
kann dich bewahren
vor den wilden tieren
du musst nicht erfrieren

die raben sie krähen
die bauern sie mähen
das reife korn
da vorn
und nehmen es zusammen
da kommen
über die leeren felder die raben
du darfst mich nicht fragen
ob sie bringen zusammen
noch ein paar körner
doch „das lömmär"

es ist ihr heim
sie will niemanden lassen rein
damit es weiterhin still soll sein

wir sind auf der pirsch
und erlegen einen hirsch
du zerlegst ihn
nach deinem sinn
und ich lege ihn ein
in wein

ich hab das gefühl ich wachse
doch nur in den boden rein
das ist gemein

ich drehe mich
da sehe ich
um meine eigne achse dich

Bill und Joe
die sind so froh
dass ihr pferd ist wieder zurück
das ist ein grosses glück

wir gehen froh und heiter
ein stück weiter
da kommt ne schlange
die macht mir angst und bange
doch sie sagt nur
seid nicht so stur
und zeigt mir den weg
der nach hause geht

du willst hauen auf den putz
drum geb ich dir nen „stutz"
und sag pass auf
setz dich nicht drauf
auf den „stutz"
sonst kannst du nicht hauen auf den putz

jawohl
ich esse kohl
dann ist mir wohl

der mann kommt heim
und schenkt sich ein
ein glas wein

wir gehn in die disco
und bestellen „Frisco
Spinat"
weil der viel eisen hat

bei den schotten
tut es „motten"
in ihren röcken
den roten

will jetzt hauen einen rein
und nicht werden blau daheim
drum geh ich saufen ganz allein

ein „knopf" sagt
ich muss auf den topf
ich bring ihm einen
man könnte meinen
er setzt sich drauf
doch oh garaus
stülpt er ihn über
den kopf drüber
und lacht
bist du nun aufgewacht?

ich kratze mal hier
ich kratze mal dort
ich kratze mich bald an jedem ort

ich sitze froh und heiter
auf der leiter
das macht spass
und ich werde nass
vom vielen regen
doch der soll sein ein segen
für unser land
das bald nur noch bestand
aus sand

ich liebe sie
die prärie
doch dort war ich noch nie

es kommen die leute
mit ihrer beute
vom ausverkauf zurück
was für ein gutes stück
hast du dir ausgesucht
und dabei nicht geflucht
ob der vielen leute
die es hatte heute?

das fürchterliche pack
hat mich geworfen auf den „sack"
und mir gestellt ein bein
doch ich war nicht allein
ich hatte freunde dabei
die hei ei ei
haben geworfen das pack
auch auf den „sack"

es hauen
die frauen
die „lauen"
einen „manne"
in die pfanne
die schlauen

klärchen
hat ein pärchen
schon alt an jährchen
gesehen
und es wehen
die düfte der beiden
rüber von den weiden

du tust dich erzürnen über den witz
da trifft dich grad der blitz
es war wohl ein bisschen viel
dieses spiel

eine laune
ja ich staune
sucht eine posaune
und wird fündig
sie spielt stündig
einen marsch
ganz barsch

will gehn ins „bädli"
und essen ein „wädli"
kommst du mit?
dann wären wir schon zu dritt

dabei wollte ich doch so gerne
dir noch mal winken aus der ferne
wo du wohl bist?
was für ein mist
es nicht zu wissen
und dich nicht mehr können küssen

was ist mit dem hund?
es dauert ne stund
dann fängt er an zu jaulen
und wir müssen ihn kraulen

ich kacke
nehmts mir nicht übel
in den kübel

muss gehen
zu den rehen
und sie fragen
wie ists mit dem magen?
ob er immer noch tut weh
ojeh

nun liebe leute
fertig gestohlen für heute
lasst uns teilen die beute

der alkohol
der tut uns wohl
wir bleiben ihm treu
das wäre nicht neu

ich eile
eine meile
und es ist so schön
denn es bläst der föhn

du bist ein dieb
doch ich habe dich lieb
verloren bin ich
ohne dich

Reto und Lara kommen zu besuch
ich schenk ihnen ein buch
und ein tuch
um darin Lynn zu tragen
da ruft Reto ohne zu fragen
ich kann auch wechseln windeln
doch er tut nur schwindeln

warum habe ich gestohlen
so viele kohlen?
wollte doch nur einen cent
dafür bin ich so weit gerannt
doch jetzt ist mir auf den fersen die polizei
und das ist mir nicht einerlei

**Seite  Glossar**

| | | |
|---|---|---|
| 010 | „Püppchen" | Flittchen |
| 012 | „du arme Nuss" | du armes Ding |
| 012 | „Rank" | Bogen, Weg |
| 013 | „juckt" | springt |
| 016 | „Konfibrot" | Marmeladenbrot |
| 017 | „au" | auch |
| 018 | „Beiz" | Wirtshaus |
| 018 | „Franken" | schweiz. Währungseinheit |
| 020 | „ranzig" | böse, ungeniessbar |
| 021 | „Schnurrä voll" | derb für gib mir auch etwas davon zu essen |
| 022 | „schaffen" | arbeiten |
| 024 | „ums Verrecken" | derb für um keinen Preis, keinesfalls |
| 024 | „Schnurrä voll" | derb für gib mir auch etwas davon zu essen |
| 024 | „futtern" | essen |
| 026 | „hai" | nach Hause |
| 026 | „halt" | das ist nun einmal so, eben |
| 027 | „Fondue" | schweiz. Käsegericht (Aussprache Fondü) (franz.) |
| 027 | „Sause" | ausgelassene Feier |
| 031 | „Müäsli" | schweiz. Form von Müsli |
| 032 | „gar nüt Nois" | gar nichts Neues |
| 033 | „schlitteln" | rodeln |
| 033 | „Capuns" | trad. Gericht aus dem Kanton GR (CH) |
| 034 | „dank där" | danke dir |
| 034 | „am Tun" | am Machen |
| 035 | „Fasnacht" | Fasching |
| 036 | „Beiz" | Wirtshaus |
| 037 | die „Olle" | die Alte |
| 040 | „ums Verrecken" | derb für um keinen Preis, keinesfalls |
| 042 | „Scheisse" der Kuh | Kuhfladen, Kuhdung |

| | | |
|---|---|---|
| 044 | „Fangis" | Fangen spielen |
| 044 | „Gartenhage" | Gartenzaun |
| 046 | „posten" | einkaufen |
| 048 | „Gottverdamm…" | starkes Fluchwort |
| 048 | „älai" | alleine |
| 049 | „Grütze" | Nährmittel aus grob zerkleinerten Getreidekörnern |
| 050 | „Berner" | ein in Bern wohnhafter Mensch |
| 051 | „Walenstadt" | pol. Gemeinde im Kanton SG (CH) |
| 051 | „Velo" | Fahrrad |
| 051 | „Mille" | Name (damit es sich reimt) |
| 053 | „sait" | sagt |
| 054 | „glatt" | lustig |
| 055 | „schaurig" | schrecklich |
| 056 | „Wäschezeine" | grosser Korb mit zwei Griffen |
| 056 | „sammer" | sind wir |
| 057 | „des" | das (damit es sich reimt) |
| 058 | „Stumpen" | Zigarre |
| 058 | „mache" | machen (damit es sich reimt) |
| 059 | „Gase" | Gas (damit es sich reimt) |
| 060 | „gluschtät" | würde dir sicher auch Freude bereiten |
| 060 | „flickt" | repariert |
| 060 | „Grindern" | derb für Köpfe |
| 061 | „däbii" | dabei |
| 061 | „Latschen" | usg. für abgetretene Schuhe |
| 061 | „Zug" | Eisenbahn |
| 061 | „seichter" | Gespräche mit weniger Tiefe |
| 061 | „Röserich" | (damit es sich reimt) |
| 065 | „Trine" | träge, unansehnliche weibliche Person |
| 068 | „Hörnliauflauf" | überbackene Nudelspeise |
| 068 | „egale" | egal (damit es sich reimt) |
| 068 | „Grütze" | Nährmittel aus grob zerkleinerten Getreidekörnern |
| 070 | „verreckst" | elend zugrunde gehst |
| 071 | „Gören" | Frechlinge, Bälge |

| | | |
|---|---|---|
| 072 | „dänn chunsch du au" | dann kommst du auch |
| 072 | „blutte" | nackte |
| 072 | „Goof" | schlecht erzogenes Kind |
| 072 | immer „no" | immer noch |
| 073 | „Horde wilder Bengel" | wilde Menge ungezogener Jungs |
| 074 | „Znacht" | Abendessen |
| 075 | „Säckchen" | kleine Tasche |
| 076 | „Velo" | Fahrrad |
| 076 | ich möcht „nöd mit dir go" | ich möchte keine Beziehung zu dir haben |
| 076 | „Tram" | Strassenbahn |
| 077 | „auf die Gant" gehen | an eine öffentliche Versteigerung gehen |
| 079 | „Landjäger" | luftgetrocknete Rohwürste |
| 080 | „Puppe" | Flittchen |
| 081 | „Metzger" | Fleischer |
| 082 | „Goofen" | schlecht erzogene Kinder |
| 082 | „au" | auch |
| 083 | „daheime" | daheim (damit es sich reimt) |
| 085 | „chotz dänn" | derb für erbrich dann |
| 086 | „verruckt" | verrückt |
| 087 | „Zug" | Eisenbahn |
| 087 | „Smart" | Stadtauto |
| 088 | „Bette" | Bett (damit es sich reimt) |
| 089 | das „gits" | das gibt es |
| 089 | „alten Knaben" | iron. für alte Männer |
| 090 | „Haas" | Hase |
| 090 | „Fort" | Befestigungsanlage |
| 092 | „au"! | oh nein! |
| 093 | „au" | auch |
| 093 | „Ranzen" | derb für Bauch |
| 097 | „Mercedes" | weibl. Vorname |
| 097 | „End" | Ende (damit es sich reimt) |
| 098 | „Finken" | warmer Hausschuh |
| 098 | „lind" | gar |
| 098 | „öpper" | jemand |
| 099 | „Rösslibahn" | Pferdekutschenbahn |

| | | |
|---|---|---|
| 099 | „älai" | alleine |
| 099 | keinen „Stutz" | kein Geld |
| 104 | „Biberli" | schweiz. Traditionsgebäck |
| 104 | „Arschloch" | derbes Schimpfwort |
| 106 | „Metzger" | Fleischer |
| 106 | „metzgen" | schlachten |
| 106 | „den Boden wichsen" | den Boden bohnern |
| 107 | „vernoh" | vernommen |
| 108 | riecht so „fein" | iron. für riecht so gut |
| 109 | „Kläuse" | Dummköpfe |
| 110 | „Aschen" | Asche (damit es sich reimt) |
| 112 | „tütschen" | aneinanderstossen |
| 112 | „plütschen" | schlagen |
| 112 | „schlecht wird" | übel wird |
| 113 | „Tram" | Strassenbahn |
| 113 | „Metzger" | Fleischer |
| 115 | „Bienen" | hübsche Mädchen |
| 115 | „Trine" | träge, unansehnliche weibliche Person |
| 115 | „posten" | einkaufen |
| 115 | „en masse" | in Massen (franz.) |
| 116 | „Biene" | hübsches Mädchen |
| 116 | „Puppen" | Flittchen |
| 117 | „Bündnerland" | Kanton Graubünden GR (CH) |
| 117 | „kant" | auf jeden Fall |
| 120 | „wurscht" | egal |
| 122 | „glatt" | lustig |
| 124 | „lugen" | schauen |
| 125 | „Luzern" | einzigartige Stadt in der Schweiz |
| 125 | „Rüssel" | derb für Nase |
| 127 | „Zug" | Eisenbahn |
| 129 | „Velo" | Fahrrad |
| 130 | „Fasnacht" | Fasching |
| 130 | „Waterkant" | norddeutsches Küstengebiet |
| 132 | „Fasnacht" | Fasching |
| 133 | „Stutz" | Geld |
| 134 | „schloten" | rauchen |

| | | |
|---|---|---|
| 135 | „Fulda" | Stadt in Hessen (D) |
| 136 | „schwadern" | planschen |
| 137 | „trochen" | trocken |
| 137 | „miesa" | mies (damit es sich reimt) |
| 137 | „gang go" | geh holen |
| 138 | „merde" | Scheisse (franz. Aussprache merd) |
| 138 | hat keinen „Schnuuf meh" | ist ausser Atem |
| 138 | „Lamictal" | Medikament |
| 139 | „Hillbilly" | Hillbillymusik |
| 140 | „Tüächli" | kleines Tuch |
| 140 | „Büächli" | kleines Buch |
| 143 | „schwanzen" | geziert gehen |
| 143 | „wommär" | wo wir |
| 144 | ich „wott" | ich will |
| 144 | „Gefühle" | Gefühl (damit es sich reimt) |
| 145 | „Jemen" | Staat in Vorderasien |
| 146 | „sie gibt ihm den Schuh" | sie macht Schluss mit ihm |
| 146 | ihr „Alter" | derb für ihr Mann |
| 147 | „Bern" | Bundesstadt, Hauptstadt des gleichnamigen Kantons (CH) |
| 147 | „Tägchen" | Tag (damit es sich reimt) |
| 149 | „Bord" | Böschung |
| 149 | „Düner" | Dünen (damit es sich reimt) |
| 150 | „Münz" | Kleingeld |
| 152 | „Sevilla" | Stadt in Spanien |
| 154 | „trampen" | in die Pedalen treten |
| 154 | „Lampen" | Strassenlaternen |
| 154 | „go" tanken | tanken gehen |
| 154 | „Moos" | usg. für Geld |
| 155 | „gang go" | der „geh holen Typ" |
| 156 | „Gören" | Frechlinge, Bälge |
| 156 | „schaffä" | arbeiten |
| 157 | „föhnen" | abgehende Blähungen |
| 158 | „drüü" | drei Uhr |
| 159 | „Jute" | grober Stoff |
| 159 | „Omama" | Grossmutter |
| 160 | „gait" er | da geht er (damit es sich reimt) |

| | | |
|---|---|---|
| 161 | „au" | auch |
| 161 | „Schopf" | Haarschopf |
| 162 | „um „no mee z gsee" | um noch mehr zu sehen |
| 162 | „scho" | schon |
| 162 | „macht sie einen Dreck" | scheisst sie |
| 162 | „au" | auch |
| 163 | „Harass" | Lattenkiste |
| 164 | „was leisten" | was machen/zustande bringen, arbeiten |
| 165 | „Kanaren" | Kanarische Inseln |
| 165 | „Zug" | Eisenbahn |
| 166 | „güt" | gut (damit es sich reimt) |
| 166 | „halt" | eben |
| 167 | „Chur" | Alpenstadt im Kanton GR (CH), älteste Stadt der Schweiz |
| 167 | „au däbii" | auch dabei |
| 167 | „brätlen" | grillieren |
| 167 | „au" | auch |
| 168 | „go schaffen" | arbeiten gehen |
| 168 | „stinkts" mir | so, jetzt habe ich genug |
| 168 | „no mee" | noch mehr |
| 171 | „glatt" | lustig |
| 172 | „waisch" | weisst du |
| 172 | „no ächli" | noch ein wenig |
| 172 | „go" wohnen | wohnen gehen |
| 173 | „brätlen" | grillieren |
| 173 | „zwäg" | gesund |
| 173 | „Habt ihr einen drauf"? | Habt ihr schon Alkohol getrunken? |
| 174 | „Döschwo" | Citroën 2CV, altes Kultauto, „Ente" |
| 175 | „Goof" | schlecht erzogenes Kind |
| 175 | „au" | auch |
| 176 | „Sause" | ausgelassene Feier |
| 176 | „Tatzen" | derb für Hände |
| 177 | „Stumpen" | Zigarre |
| 177 | „bachen" | backen |
| 177 | er ist „für mii do" | er ist für mich da (damit es sich reimt) |

| | | |
|---|---|---|
| 178 | „au" | auch |
| 181 | „pressant" | es eilt |
| 181 | „Knopf" | kleines Kind |
| 181 | „pisst" | derb für uriniert |
| 181 | „Seckel" | kraftvolles, derbes Schimpfwort |
| 183 | „Zug" | Eisenbahn |
| 184 | „Rossschwanz" | Pferdeschwanz |
| 185 | „Sauerai" | nicht aufgeräumt haben |
| 185 | „dähai" | daheim |
| 186 | „Sause" | ausgelassene Feier |
| 186 | „go laufen" | laufen gehen, spazieren gehen |
| 187 | „bachen" | backen |
| 188 | „Bienen" | hübsche Mädchen |
| 188 | „mais" | Ärger, Streit |
| 188 | „Zug" | Eisenbahn |
| 189 | „das isch für mii" | das ist für mich |
| 189 | „das isch dä Hit" | das ist das Grösste |
| 189 | „au" | auch |
| 190 | „Fondue Chinoise" | bei Tisch gegartes Fleisch (franz.) |
| 193 | „Eimern" | Eimer (damit es sich reimt) |
| 194 | „pfusen" | usg. für schlafen |
| 194 | „Buben" | schwierige Jungs |
| 195 | „blutten" | nackten |
| 195 | ich lach mir den Hintern voll | ich lach aus vollem Hals |
| 195 | „sauglatt" | sehr lustig |
| 196 | „Sause" | ausgelassene Feier |
| 197 | „au" | auch |
| 198 | „das isch äs gsii" | das ist es gewesen |
| 299 | „es reut mich sehr" | ich hing an ihm |
| 200 | „lugen" | spähen |
| 202 | „ich geh halt" | ich geh eben |
| 202 | „Sause" | ausgelassene Feier |
| 203 | „lugt" | späht |
| 204 | „Kasten" | grosser, stämmiger Mann |
| 205 | „schellt" | läutet an der Tür |
| 206 | „brätlen" | grillieren |
| 206 | „rätlen" | raten |

| | | |
|---|---|---|
| 206 | „Stoss" | Stapel |
| 207 | „obs noch kommt go regnen" | ob es noch anfängt zu regnen |
| 207 | „gescheit"? | bei Trost? |
| 207 | „Hintern" | usg. für Gesäss |
| 208 | „krass" | extrem |
| 208 | „halt" | nun einmal |
| 209 | „ich ha laidär nöd mee" | ich habe nun einmal nicht mehr |
| 211 | „passiert" | geschehen |
| 211 | „wurscht" | egal |
| 212 | „zu flotter Stunde" | zu vorgerückter Stunde |
| 212 | „Mat" | Abkürzung für Matrose (damit es sich reimt |
| 213 | „Trine" | träge, unansehnliche Person |
| 213 | „Grütze" | Nährmittel aus grob zerkleinerten Getreidekörnern |
| 213 | „Rüäbli" | kleine Karotten |
| 213 | „Büäbli" | kleine Buben |
| 214 | „Buben" | schwirige Jungs |
| 214 | „saichen" | derb für urinieren |
| 215 | „pfusen" | schlafen |
| 216 | „Grütze" | Nährmittel aus grob zerkleinerten Getreidekörnern |
| 217 | „Was willsch no mee?" | Was willst du noch mehr? |
| 218 | „sonst werde ich zu scharf" | etwas heftig begehren |
| 219 | „Cüpli" | ein Glas Champagner |
| 219 | „Süppli" | wenig Suppe |
| 219 | „Piräus" | drittgrösster Mittelmeerhafen in Griechenland |
| 219 | „gumpen" | springen |
| 220 | „au" | auch |
| 221 | „Krawatte" | Schlips |
| 222 | „Rank" | Bogen |
| 222 | „das isch än Saich" | das ist ein Blödsinn |
| 223 | „Zmorgen" | Frühstück |
| 223 | „Goof" | schlecht erzogenes Kind |
| 223 | am „Rasen" | am Haken schlagen |

| | | |
|---|---|---|
| 224 | „Bisch au däbii"? | Bist du auch dabei? |
| 224 | „Harass" | Lattenkiste |
| 225 | „plagen" | belästigen |
| 226 | „geschwinde" | geschwind (damit es sich reimt) |
| 227 | in „Lumpen" | in zerschlissene Tücher gewickelt |
| 228 | „so ist es halt" | so ist es nun einmal |
| 229 | „no" | noch |
| 230 | das ist „halt" so | das ist nun einmal so |
| 230 | Was will „ii no mee"? | Was will ich noch mehr? |
| 231 | „gescheiter go pennen" | besser schlafen gegangen |
| 231 | „Brettern" | Skiern |
| 232 | „zwee" | zwei |
| 233 | „Füür" | Feuer |
| 233 | „niä mee" | nie mehr |
| 235 | „hai" | nach Hause |
| 236 | „Wett" | Wette |
| 236 | „Gören" | Frechlinge, Bälge |
| 237 | „schlitteln" | rodeln |
| 237 | „wär's gsii" | wäre es gewesen |
| 237 | „halt" | nun einmal |
| 238 | „abä gait" | was ganz heftig runter geht |
| 238 | „Bergün" | pol. Gemeinde im Kanton GR (CH) |
| 240 | „wurscht" | egal, ganz gleichgültig |
| 240 | „halt" | eben |
| 240 | „ein Wurm aus Holz" | ein Holzwurm |
| 241 | „isch das än Saich" | das ist scheisse |
| 242 | „das lömmär" | das lassen wir sein |
| 243 | „Stutz" | Franken |
| 243 | „Frisco Spinat" | Spinat-Markenname |
| 244 | „motten" | schwelen, glimmen |
| 244 | „Knopf" | kleines Kind |
| 245 | „Sack" | Ranzen |
| 245 | „lauen" | lesbischen |
| 246 | „Manne" | Mann (damit es sich reimt) |
| 246 | „Bädli" | kleines Bad |
| 246 | „Wädli" | kleines Eisbein |

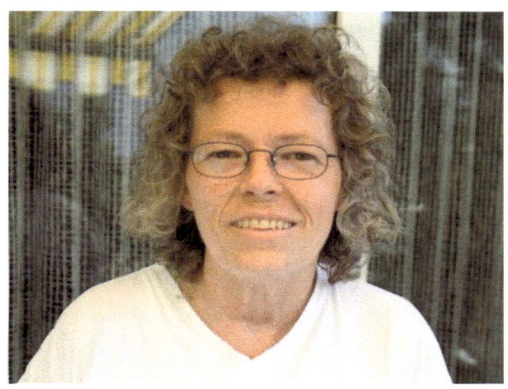

Brigitte Riederer, geboren am 31. 12. 1953 in Zürich, wohnt schon seit 1974 in Walenstadt SG (CH). Sie hat drei erwachsene Söhne, zwei Schwiegertöchter, Hannes und seine Freundin im eigenen Haus, vier Enkelkinder, ist seit 2003 verwitwet und nach der grossen Liebe in keiner Beziehung mehr.

Ihre Leidenschaften neben dem Schreiben sind: Fotografieren, Encaustic malen, Arbeiten mit Holz, Klavier-, Knopf-Akkordeon- und Mundharmonika- Spielen, Meditation und Qi Gong.

Sie ist ausserdem Kinderskilehrerin, Entspannungstrainerin, Langstreckenschwimmerin mit Brustschwimmen und Encaustic-Kursleiterin.

Sie leidet unter anderem an einer bipolar affektiven Störung (in deren Hochs entstehen jeweils ihre Sens- und Nonsens-Gedichte) und ist häufig in der Kantonalen Psychiatrischen Klinik St. Pirminsberg in Pfäfers SG anzutreffen.

Die Autorin bedankt sich bei der Kantonalen Psychiatrischen Klinik St. Pirminsberg, Pfäfers (SG), für die grosszügige Spende, ohne die ihre Bücher nie hätten realisiert werden können.

Folgende Lyrik-Bände von Brigitte Riederer sind im BoD-Verlag erschienen:

© 2016: Sens- und Nonsens-Gedichte - Band 1 - Der Sinn des Unsinns
© 2016: Sens- und Nonsens-Gedichte - Band 2 - Der Sinn des Unsinns
© 2016: Sens- und Nonsens-Gedichte - Band 3 - Der Sinn des Unsinns
© 2016: Sens- und Nonsens-Gedichte - Das Beste aus Band 1-3 - Der Sinn des Unsinns
© 2016: Sie sind ein Stück von mir...
(Gedichte über die Verarbeitung vom Tod meines Mannes, meiner Krankheit, den Austritt aus der Klinik, an meine Seele und ein Rückblick auf mein bisheriges turbulentes Leben in Gedichtform)
© 2016: Mandalas zum Ausmalen
(In einer Hoch-Phase habe ich Non-Stopp, Tag und Nacht, 63 Mandalas kreiert)
Format 21x21cm
© 2016: Grabstein-Inschriften Band 1
(Verse von Dichtern, Schriftstellern, Persönlichkeiten und ein paar Bibelverse)
© 2016: Grabstein-Inschriften Band 2
(Sinnsprüche, Sprüche über Liebe und Worte des Trostes)

E-Mail-Adresse: brigitte.riederer@bluewin.ch

Die Bücher sind auch direkt bei der Autorin erhältlich.